MÜNCHNER
Führerschein Handbuch

2025

100+ Fragen

Der unverzichtbare Leitfaden zum Erwerb Ihres Führerscheins in München

ROADRANGER

Copyright © 2024 Road Ranger

Alle Rechte vorbehalten

Dieses Buch ist urheberrechtlich geschützt. Kein Teil davon darf ohne schriftliche Genehmigung des Herausgebers kopiert, weitergegeben oder gespeichert werden. Dazu gehören das Fotokopieren, Aufzeichnen oder die Verwendung digitaler oder mechanischer Methoden.

Inhaltsverzeichnis

Einführung 9
Teil 1: Erste Schritte 14
  Kapitel 1: Einführung in das Autofahren in München 15
    Willkommen in der Welt des Autofahrens in München! 15
    Warum dieses Handbuch so wichtig ist 15
    Überblick über den Fahrprozess in München 16
    Arten von Führerscheinen in München 17
    Hauptunterschiede für internationale Fahrer 18
    Erleben Sie das Fahrerlebnis München 19
    Kapitel 1: Einführung in das Autofahren in München – Quiz 20
  Kapitel 2: Eine Fahrschule und einen Fahrlehrer finden 25
    Navigieren in der Münchner Fahrschullandschaft 25
    Den idealen Lehrer identifizieren: Jenseits der Lizenz 28
    Kosten für Fahrschulen entschlüsseln: Investieren Sie in Ihre Zukunft 30
    Die richtigen Fragen stellen: Ihr Weg zur richtigen Schule 31
    Vertrauen Sie Ihren Instinkten: Die endgültige Entscheidung 33
    Kapitel 2: Eine Fahrschule und einen Fahrlehrer

finden – Quiz	34
Kapitel 3: Notwendige Dokumentation und Anforderungen	39
Aufenthaltsgenehmigungs- und Visumsanforderungen	39
Erste-Hilfe-Kurs und Augenuntersuchung	40
Antragsverfahren für eine Lernerlaubnis	41
Den Theorietest verstehen	43
Kapitel 3: Notwendige Dokumentation und Anforderungen – Quiz	46
Teil 2: Die Theorie beherrschen	**51**
Kapitel 4: Die Straßenverkehrsordnung (StVO)	52
Die Bedeutung der StVO	52
Verkehrszeichen und ihre Bedeutung	54
Vorfahrtsregeln	55
Geschwindigkeitsbegrenzungen	56
Fahren unter Einfluss	57
Weitere wesentliche StVO-Regeln	58
Bleiben Sie über die StVO auf dem Laufenden	59
Kapitel 4: Die Straßenverkehrsordnung (StVO) - Quiz	61
Kapitel 5: Sichere Fahrpraktiken	66
Die Grundlage für sicheres Fahren: Einstellung und Bewusstsein	66
Defensive Fahrtechniken: Antizipieren und Reagieren	67
Fahren bei unterschiedlichen Wetterbedingungen	69

Fahrzeugwartung: Eine gemeinsame
Verantwortung 70
Den Weg mit gefährdeten Benutzern teilen 71
Ökologisches Fahren: Kraftstoffeffizienz und
Umweltverantwortung 72
Kontinuierliches Lernen: Sicher unterwegs sein 73
Kapitel 5: Sichere Fahrpraktiken – Quiz 73
Kapitel 6: Vorbereitung auf die Theorieprüfung 78
Das Theorietestformat verstehen 78
Offizielle Lernmaterialien und Ressourcen 79
Effektive Lernstrategien 80
Tipps für den Erfolg bei der Theorieprüfung 81
Jenseits des Tests: Aufbau einer Grundlage für
sicheres Fahren 82
Kapitel 6: Vorbereitung auf die Theorieprüfung –
Quiz 83

Teil 3: Hinter dem Lenkrad **88**
Kapitel 7: Die praktischen Fahrstunden 89
Der Aufbau praktischer Fahrstunden 89
Erforderliche Fahrmanöver 91
Fahren auf der Autobahn 92
Navigieren im Stadtverkehr 93
Landstraßenfahren 94
Die Kunst der Beobachtung beherrschen 95
Kapitel 7: Die praktischen Fahrstunden – Quiz 96
Kapitel 8: Besondere Fahrsituationen 101

Nachtfahrten und eingeschränkte Sicht 101
Fahren mit Passagieren und Fracht 102
Umgang mit Notfällen und Ausfällen 103
Interaktion mit anderen Verkehrsteilnehmern 106
Kapitel 8: Besondere Fahrsituationen – Quiz 108
Kapitel 9: Vorbereitung auf die praktische Prüfung 113
Scheinfahrtests und Feedback 115
Die Erwartungen des Prüfers verstehen 116
Prüfungsangst überwinden 117
Der Tag der Prüfung: Was Sie erwartet 118
Kapitel 9: Vorbereitung auf die praktische Prüfung – Quiz 120

Teil 4: Nach dem Test **125**

Kapitel 10: Erwerb Ihres Führerscheins 126
Verfahren und Papierkram nach der Prüfung 126
The Probationary Period (Probezeit) 128
Umtausch eines ausländischen Führerscheins 129
Kapitel 10: Erwerb Ihres Führerscheins – Quiz 132
Kapitel 11: Autofahren in München 137
Fahrzeugzulassung und Versicherung 137
Environmental Zones (Umweltzonen) 139
Parken in München 140
Öffentliche Verkehrsmittel 141
Kapitel 11: Autofahren in München – Quiz 144
Kapitel 12: Ressourcen und weitere Informationen

149
    Nützliche Websites und Apps   149
    Fahrvereine und -organisationen   151
    Tipps für weiteres Lernen   152
    Autofahren in Deutschland: Eine kulturelle Perspektive   154

Anhänge   **156**

    Anhang A: Glossar der Fahrbegriffe   157
    Anhang B: Liste der Verkehrszeichen   166
    Anhang C: Notrufnummern und Kontaktinformationen   181

Einführung

Willkommen beim Führerscheinhandbuch München!

Das Navigieren auf den Straßen einer neuen Stadt, insbesondere in einem fremden Land, kann eine entmutigende Aufgabe sein. Dieses umfassende Handbuch ist Ihr zuverlässiger Begleiter auf dem Weg zum Führerschein und zur sicheren Eroberung der Straßen Münchens. Egal, ob Sie ein absoluter Anfänger oder ein erfahrener Fahrer sind, der auf das deutsche System umsteigt, dieser Leitfaden bietet das grundlegende Wissen, praktische Tipps und wertvolle Ressourcen, die Sie für den Erfolg benötigen.

Warum dieses Handbuch so wichtig ist

Dieses Handbuch wurde sorgfältig zusammengestellt, um auf die besonderen Herausforderungen und Anforderungen beim Erwerb eines Führerscheins in München einzugehen. Es geht über die bloße Übersetzung von Verkehrsregeln hinaus; Es vermittelt ein tiefes Verständnis der deutschen Fahrkultur, Vorschriften und Best Practices. Das zeichnet dieses Handbuch aus:

- **Klarheit und Zugänglichkeit:** Wir haben komplexe juristische Fachbegriffe und Verfahren in einer klaren, prägnanten Sprache zusammengefasst, sodass die Informationen für jedermann leicht verständlich sind.
- **Schritt-für-Schritt-Anleitung:** Von der Suche nach einer Fahrschule über das Beherrschen wichtiger Manöver bis hin zum Bestehen der Prüfungen begleiten wir Sie durch jeden Schritt des Prozesses.
- **Umfassende Abdeckung:** Wir decken alle wesentlichen Themen ab, darunter Verkehrsregeln, sichere Fahrpraktiken,

Fahrzeugzulassung, Versicherungen und das Navigieren in Münchens einzigartiger Fahrumgebung.
- **Praktische Tipps und Strategien:** Wir bieten Insidertipps, Prüfungsstrategien und praktische Ratschläge, die Ihnen helfen, Herausforderungen zu meistern und Ihre Fahrziele zu erreichen.
- **Aktuelle Informationen:** Wir stellen sicher, dass die Informationen aktuell und korrekt sind und den neuesten Verkehrsgesetzen und -vorschriften in Deutschland entsprechen.

Für wen dieses Handbuch gedacht ist

Dieses Handbuch richtet sich an ein breites Spektrum von Personen, die in München einen Führerschein erwerben möchten:

- **Komplette Anfänger:** Wenn Sie noch nie Auto gefahren sind, bietet dieses Handbuch eine solide Grundlage für Fahrtheorie und praktische Fähigkeiten.

- **Internationale Fahrer:** Wenn Sie ein erfahrener Fahrer aus einem anderen Land sind, hilft Ihnen dieser Leitfaden dabei, sich im deutschen Fahrsystem zurechtzufinden und sich an die lokale Fahrkultur anzupassen.
- **Nervöse Fahrer:** Wir bieten Ermutigung, Unterstützung und praktische Tipps, um Ängste zu überwinden und Selbstvertrauen hinter dem Lenkrad aufzubauen.
- **Wer eine Auffrischung sucht:** Auch wenn Sie bereits über Fahrerfahrung verfügen, kann dieses Handbuch als wertvolle Auffrischung dienen und Ihr Wissen über die aktuellen Vorschriften auf den neuesten Stand bringen.

So verwenden Sie dieses Handbuch

Dieses Handbuch ist so aufgebaut, dass es Ihnen während Ihrer gesamten Ausbildung als Fahrer umfassend zur Seite steht.

- **Beginnen Sie mit den Grundlagen:** Beginnen Sie mit den Einführungskapiteln, um den Fahrablauf, die Anforderungen und die Suche nach der richtigen Fahrschule zu verstehen.
- **Meistern Sie die Theorie:** Tauchen Sie ein in die Kapitel zu Verkehrsregeln und sicheren Fahrpraktiken, um eine solide Wissensgrundlage aufzubauen.
- **Bereiten Sie sich auf die Prüfungen vor:** Nutzen Sie die Kapitel zur Vorbereitung auf die theoretischen und praktischen Prüfungen, um effektive Lernstrategien und Prüfungstechniken zu entwickeln.
- **Navigieren Sie durch Münchens Straßen:** Lesen Sie die Kapitel zum Thema Autofahren in München, um mehr über Fahrzeugzulassung, Versicherung, Parken und andere örtliche Vorschriften zu erfahren.
- **Nutzen Sie die Anhänge:** In den Anhängen finden Sie ein Glossar mit Verkehrsbegriffen, eine Liste der

Verkehrszeichen und wichtige Kontaktinformationen.

Ihre Reise beginnt jetzt

Der Erwerb des Führerscheins ist ein bedeutender Erfolg, der Ihnen eine Welt voller Freiheiten und Möglichkeiten eröffnet. Dieses Handbuch vermittelt Ihnen das Wissen, die Fähigkeiten und das Selbstvertrauen, um sicher und verantwortungsbewusst auf den Straßen Münchens zu navigieren. Nehmen Sie die Reise an, genießen Sie die Fahrt und werden Sie Teil der lebendigen Fahrgemeinschaft dieser dynamischen Stadt.

Teil 1: Erste Schritte

Kapitel 1: Einführung in das Autofahren in München

Willkommen in der Welt des Autofahrens in München!

Dieses Kapitel dient als Ausgangspunkt für den Weg zum Erwerb Ihres Führerscheins und für die Navigation durch die lebhaften Straßen dieser historischen Stadt. Ganz gleich, ob Sie ein absoluter Anfänger oder ein erfahrener Fahrer aus einem anderen Land sind, dieses Handbuch vermittelt Ihnen das Wissen und das Selbstvertrauen, um erfolgreich zu sein.

Warum dieses Handbuch so wichtig ist

Autofahren in München oder überall in Deutschland ist ein Privileg, das mit Verantwortung verbunden ist. Dieses Handbuch ist Ihr umfassender Leitfaden zum Verständnis dieser Verantwortlichkeiten und zum Erlernen der erforderlichen Fähigkeiten, um ein sicherer und selbstbewusster Fahrer zu werden. Deshalb ist es wichtig:

- **Navigieren im deutschen System:** Die deutschen Fahrvorschriften sind streng und detailliert. Dieses Handbuch fasst komplexe Regeln und Verfahren in einer klaren, leicht verständlichen Sprache zusammen.
- **Bestehen Ihrer Prüfungen:** Wir begleiten Sie durch die theoretische und praktische Fahrprüfung und geben Ihnen wertvolle Tipps und Erfolgsstrategien.
- **Sicherheit geht vor:** Unser vorrangiges Ziel ist es, Sie dabei zu unterstützen, ein verantwortungsbewusster Fahrer zu werden, bei dem die Sicherheit für Sie selbst und andere im Straßenverkehr an erster Stelle steht.
- **Über die Grundlagen hinaus:** Über das bloße Bestehen der Prüfung hinaus geben wir Einblicke in die Fahrkultur in München, einschließlich einzigartiger

Vorschriften, Parkpraktiken und Navigation auf der Autobahn.

Überblick über den Fahrprozess in München

Der Erwerb Ihres Führerscheins in München erfolgt in einem strukturierten Prozess. Hier ein allgemeiner Überblick:

1. **Finden Sie eine Fahrschule:** Melden Sie sich bei einer renommierten Fahrschule mit qualifizierten Fahrlehrern an.
2. **Absolvieren Sie die erforderliche Schulung:** Nehmen Sie an obligatorischen theoretischen und praktischen Fahrstunden teil.
3. **Bestehen Sie die Theorieprüfung:** Beweisen Sie Ihr Wissen über Verkehrsgesetze und -vorschriften.
4. **Bestehen Sie die praktische Prüfung:** Stellen Sie Ihr fahrerisches Können einem zertifizierten Prüfer unter Beweis.
5. **Beantragen Sie Ihre Lizenz:** Wenn Sie beide Prüfungen bestanden haben, reichen

Sie die erforderlichen Unterlagen bei der Fahrerlaubnisbehörde ein.

Arten von Führerscheinen in München

Abhängig von der Art des Fahrzeugs, das Sie fahren möchten, gibt es in Deutschland verschiedene Führerscheinklassen. Die häufigsten sind:

- **Klasse B:** Dies ist der Standardführerschein für Personenkraftwagen und berechtigt zum Führen von Fahrzeugen mit einer zulässigen Gesamtmasse (MAM) von nicht mehr als 3.500 kg und mit nicht mehr als acht Beifahrersitzen zusätzlich zum Fahrersitz.
- **Klasse A:** Für Motorräder. Es gibt Unterkategorien basierend auf Hubraum und Leistung.
- **Klasse C:** Für LKW. Es gibt Unterkategorien basierend auf Gewicht und Anhängerkombinationen.

Dieses Handbuch konzentriert sich hauptsächlich auf den Erwerb eines Führerscheins der Klasse B.

Hauptunterschiede für internationale Fahrer

Wenn Sie ein internationaler Fahrer sind, sollten Sie sich dieser wichtigen Unterschiede bewusst sein:

- **Lizenzanerkennung:** Ihr ausländischer Führerschein ist möglicherweise für eine begrenzte Zeit in Deutschland gültig. Danach müssen Sie einen deutschen Führerschein erwerben.
- **Sprachbarriere:** Fahrstunden und Fahrprüfungen werden in der Regel auf Deutsch durchgeführt. Einige Fahrschulen bieten Unterricht in Englisch oder anderen Sprachen an.
- **Fahrkultur:** Machen Sie sich mit der deutschen Fahretikette und den Verkehrsregeln vertraut, die in Ihrem Heimatland abweichen können.

- **Erforderliche Dokumentation:** Stellen Sie sicher, dass Sie über die erforderlichen Aufenthaltsgenehmigungen, Visa und übersetzten Dokumente für den Bewerbungsprozess verfügen.

Erleben Sie das Fahrerlebnis München

München bietet ein einzigartiges Fahrumfeld. Von der Fahrt durch historische Stadtstraßen bis hin zum Fahren auf der Autobahn erleben Sie eine Mischung aus Fahrerlebnissen in der Stadt und auf dem Land. Folgendes erwartet Sie:

- **Effizienter öffentlicher Nahverkehr:** München verfügt über ein ausgezeichnetes öffentliches Verkehrssystem. Erwägen Sie die Nutzung für den täglichen Weg zur Arbeit und reservieren Sie die Fahrt für die Freizeit oder für besondere Bedürfnisse.
- **Fahrradkultur:** München ist eine fahrradfreundliche Stadt. Seien Sie

rücksichtsvoll gegenüber Radfahrern und nutzen Sie die Straße verantwortungsvoll.
- **Umweltzonen:** Beachten Sie die Umweltzonen innerhalb der Stadt. Um die Umweltverschmutzung zu reduzieren, benötigen Fahrzeuge für die Einfahrt in diese Zonen eine spezielle Vignette.
- **Herausforderungen beim Parken:** Das Parken im Stadtzentrum kann teuer und begrenzt sein. Machen Sie sich mit den Parkvorschriften vertraut und erwägen Sie die Nutzung von Park-and-Ride-Einrichtungen.

Wenn Sie den Fahrprozess, die Führerscheinarten und die besonderen Aspekte des Fahrens in München verstehen, sind Sie auf dem besten Weg, ein selbstbewusster und verantwortungsbewusster Fahrer zu werden. Lassen Sie uns tiefer in das nächste Kapitel eintauchen und herausfinden, wie Sie die richtige Fahrschule und den richtigen Fahrlehrer für Ihre Bedürfnisse finden.

Kapitel 1: Einführung in das Autofahren in München – Quiz

Anweisungen: Wählen Sie für jede Multiple-Choice-Frage die beste Antwort.

1. Warum ist das „Führerscheinhandbuch München" für alle, die in München fahren möchten, unverzichtbar? a) Es garantiert Ihnen, dass Sie die Fahrprüfung beim ersten Versuch bestehen. b) Es vermittelt ein umfassendes Verständnis der deutschen Fahrvorschriften. c) Um die Richtigkeit sicherzustellen, ist es in einer komplexen juristischen Sprache verfasst. d) Es konzentriert sich ausschließlich auf das Fahren auf der Autobahn.

Antwort: b)

2. Was ist der erste Schritt beim Erwerb des Führerscheins in München? a) Machen Sie die praktische Fahrprüfung. b) Beantragen Sie eine Lernerlaubnis. c) Melden Sie sich bei einer anerkannten Fahrschule an. d) Studieren Sie die offiziellen deutschen Verkehrsregeln.

Antwort: c)

3. Welche Führerscheinklasse ist für das Führen eines normalen Pkw in Deutschland erforderlich? a) Klasse A b) Klasse B c) Klasse C d) Klasse D

Antwort: b)

4. Was ist ein wesentlicher Unterschied für internationale Fahrer in München? a) Fahrprüfungen werden grundsätzlich auf Englisch durchgeführt. b) Internationale Führerscheine sind in Deutschland immer gültig. c) Die Verhaltensregeln und Verkehrsregeln in Deutschland können von denen in Ihrem Heimatland abweichen. d) Es ist nicht erforderlich, einen deutschen Führerschein zu erwerben.

Antwort: c)

5. Welcher der folgenden Aspekte ist einzigartig an der Fahrumgebung in München? a) Mangel an öffentlichen Verkehrsmitteln. b) Missachtung von Radfahrern auf den Straßen. c) Fehlen von Umweltzonen. d) Vorhandensein von Umweltzonen mit Beschränkungen für Fahrzeugemissionen.

Antwort: d)

6. Was ist die StVO? a) Die Bezeichnung der praktischen Fahrerlaubnisprüfung. b) Die deutsche Straßenverkehrsordnung. c) Das Münchner öffentliche Verkehrssystem. d) Eine Art Führerschein.

Antwort: b)

7. Warum ist es wichtig, sich der Fahrradkultur in München bewusst zu sein? a) Radfahrer haben immer Vorfahrt, unabhängig von Ampeln. b) München ist eine fahrradfreundliche Stadt und Autofahrer müssen die Straße verantwortungsvoll teilen. c) Radfahrer sind auf den Straßen Münchens nicht gestattet. d) Alle Fahrprüfungen beinhalten einen Abschnitt zum Thema Radfahren.

Antwort: b)

8. Was ist eine Umweltzone? a) Ein Hochgeschwindigkeitsabschnitt der Autobahn. b) Eine Umweltzone mit Beschränkungen für Fahrzeugemissionen. c) Eine ausgewiesene Parkfläche in München. d) Eine Art Fahrmanöver bei der praktischen Prüfung.

Antwort: b)

9. Vor welchen Herausforderungen könnten Autofahrer in der Münchner Innenstadt stehen? a) Fehlende Verkehrssignale. b) Begrenzte und teure Parkplätze. c) Keine Geschwindigkeitsbegrenzungen. d) Schwierigkeiten, eine Fahrschule zu finden.

Antwort: b)

10. Welcher der folgenden Punkte wird NICHT als Tipp für internationale Fahrer erwähnt? a) Machen Sie sich mit der deutschen Fahretikette vertraut. b) Stellen Sie sicher, dass Sie über die erforderlichen Aufenthaltsgenehmigungen und Visa verfügen. c) Erwarten Sie, dass Fahrstunden und Prüfungen ausschließlich auf Deutsch durchgeführt werden. d) Beachten Sie, dass Ihr ausländischer Führerschein möglicherweise eine begrenzte Gültigkeit hat.

Antwort: c)

Kapitel 2: Eine Fahrschule und einen Fahrlehrer finden

Herzlichen Glückwunsch zu diesem spannenden Schritt zum Erwerb Ihres Münchner Führerscheins! Die Wahl der richtigen Fahrschule und des richtigen Fahrlehrers ist eine entscheidende Entscheidung, da diese Sie während dieser Reise als Begleiter und Mentoren begleiten. Dieses Kapitel stattet Sie mit den notwendigen Kenntnissen und Werkzeugen aus, um sich in der Welt der Fahrschulen in München zurechtzufinden und die perfekte Lösung für Ihre Bedürfnisse zu finden.

Navigieren in der Münchner Fahrschullandschaft

München verfügt über ein vielfältiges Angebot an Fahrschulen, jede mit ihren eigenen Stärken und Spezialitäten. Berücksichtigen Sie zu Beginn Ihrer Suche die folgenden Schlüsselfaktoren:

- **Lage und Erreichbarkeit:** Bequemlichkeit ist der Schlüssel. Wählen Sie eine Schule, die mit öffentlichen Verkehrsmitteln, dem Fahrrad oder in Gehweite von Ihrem Zuhause oder Arbeitsplatz gut erreichbar ist. Dadurch wird die Reisezeit minimiert und der Unterrichtsbesuch wird weniger mühsam.
- **Ruf und Empfehlungen:** Nutzen Sie die Erfahrungen anderer. Holen Sie Empfehlungen von Freunden, Familie oder Kollegen ein, die kürzlich ihren Führerschein in München gemacht haben. Auch Online-Rezensionen und -Bewertungen können wertvolle Einblicke in den Ruf und die Unterrichtsqualität der Schule geben.
- **Fachwissen des Ausbilders:** Die Qualität des Unterrichts steht im Vordergrund. Erkundigen Sie sich nach den Qualifikationen, Erfahrungen und Unterrichtsstilen der Dozenten. Suchen Sie nach Schulen, die erfahrene, zertifizierte Lehrer mit einer Leidenschaft

für das Unterrichten und einer nachgewiesenen Erfolgsbilanz bevorzugen.
- **Moderne Flotte und Einrichtungen:** Für ein sicheres und komfortables Lernerlebnis ist ein moderner, gut gewarteter Fuhrpark unerlässlich. Informieren Sie sich über die für den Unterricht verwendeten Fahrzeugtypen und stellen Sie sicher, dass diese mit den neuesten Sicherheitsfunktionen ausgestattet sind. Berücksichtigen Sie auch die Einrichtungen der Schule – ein komfortabler Wartebereich und gut ausgestattete Klassenzimmer können Ihr Gesamterlebnis verbessern.
- **Lehrplan und Kursstruktur:** Fahrschulen bieten verschiedene Programme an, die auf unterschiedliche Bedürfnisse und Lernstile zugeschnitten sind.[1] Einige konzentrieren sich möglicherweise auf Intensivkurse, während andere flexiblere Zeitpläne anbieten. Bewerten Sie den Lehrplan, um

sicherzustellen, dass er Ihren Zielen und Lernpräferenzen entspricht.
- **Sprachunterstützung:** Für Nicht-Muttersprachler ist die Sprachförderung von entscheidender Bedeutung. Erkundigen Sie sich, ob die Schule Unterricht in Englisch oder anderen Sprachen anbietet. Einige Schulen stellen mehrsprachige Lehrkräfte oder übersetzte Lernmaterialien zur Verfügung, um den unterschiedlichen sprachlichen Bedürfnissen gerecht zu werden.[2]
- **Mehrwertdienste:** Informieren Sie sich über die grundlegenden Fahrstunden hinaus über die zusätzlichen Dienstleistungen der Schule. Dazu können Online-Lernplattformen, Simulatortraining, Probetests oder spezielle Kurse für nervöse Fahrer gehören. Bewerten Sie den Wert dieser Dienste und wie sie zu Ihrer Lernreise beitragen können.

Den idealen Lehrer identifizieren: Jenseits der Lizenz

Obwohl Qualifikationen unerlässlich sind, geht der ideale Ausbilder über den bloßen Besitz einer Zertifizierung hinaus. Achten Sie bei Ihrem potenziellen Mentor auf diese Eigenschaften:

- **Geduld und Empathie:** Autofahren zu lernen kann eine Herausforderung sein und Fehler sind unvermeidlich. Ein geduldiger und einfühlsamer Dozent gibt konstruktives Feedback ohne Wertung und schafft so eine unterstützende Lernumgebung.
- **Klare und effektive Kommunikation:** Fahrkonzepte können komplex sein. Ihr Lehrer sollte in der Lage sein, diese Konzepte klar, prägnant und verständlich zu erklären und dabei eine Sprache zu verwenden, die Sie anspricht.
- **Anpassungsfähigkeit und personalisierter Unterricht:** Jeder Schüler lernt in seinem eigenen Tempo und hat einzigartige Stärken und

Schwächen. Ein erfahrener Lehrer passt seine Lehrmethoden an Ihre individuellen Bedürfnisse und Ihren Lernstil an und bietet individuelle Anleitung und Unterstützung.
- **Professionalität und Pünktlichkeit:** Ihr Fahrlehrer sollte ein Vorbild für verantwortungsvolles Fahren sein. Achten Sie auf Professionalität, Pünktlichkeit und die Verpflichtung, eine sichere und respektvolle Lernumgebung aufrechtzuerhalten.
- **Leidenschaft für das Unterrichten:** Ein Lehrer, der mit Leidenschaft unterrichtet und sich wirklich für Ihren Erfolg einsetzt, kann Ihre Lernerfahrung erheblich verbessern. Ihre Begeisterung kann ansteckend sein und Sie motivieren, Herausforderungen zu meistern.
- **Starke Beobachtungs- und Feedbackfähigkeiten:** Ein guter Fahrlehrer ist ein aufmerksamer Beobachter und kann Ihre Stärken und Schwächen hinter dem Lenkrad erkennen.

Sie sollten konkretes, konstruktives Feedback geben, das Ihnen hilft, Ihre Fahrfähigkeiten zu verbessern.

Kosten für Fahrschulen entschlüsseln: Investieren Sie in Ihre Zukunft

Fahrstunden sind eine Investition in Ihre Sicherheit und Mobilität. Das Verständnis der damit verbundenen Kosten wird Ihnen helfen, effektiv zu budgetieren und fundierte Entscheidungen zu treffen. Hier ist eine Aufschlüsselung der typischen Ausgaben:

- **Anmeldegebühren:** Die meisten Fahrschulen erheben eine einmalige Anmeldegebühr zur Deckung der Verwaltungskosten und der Anmeldebearbeitung.
- **Unterrichtsgebühren:** Die Kosten pro Unterrichtsstunde variieren je nach Faktoren wie der Unterrichtsdauer (normalerweise 45 Minuten), Einzel- oder

Gruppenunterricht und der Erfahrung des Lehrers.

- **Theorieunterricht:** Für obligatorische Theorielektionen zu Verkehrsgesetzen und -vorschriften können gesonderte Gebühren anfallen oder sie sind in Paketangeboten enthalten.
- **Lernmaterialien:** Budget für Lehrbücher, Arbeitsbücher oder Zugang zu Online-Lernplattformen, die möglicherweise von der Schule verlangt oder empfohlen werden.
- **Prüfungsgebühren:** Sowohl für die theoretische als auch für die praktische Fahrerlaubnisprüfung fallen Gebühren an, die direkt an die Prüfungsbehörde zu entrichten sind.
- **Zusätzliche Kosten:** Berücksichtigen Sie mögliche Kosten für einen Erste-Hilfe-Kurs, eine Augenuntersuchung, Passfotos und die Gebühr für die Beantragung des Führerscheins.[3]

Tipp: Zögern Sie nicht, bei verschiedenen Schulen eine detaillierte Kostenaufschlüsselung anzufordern. Vergleichen Sie Preise, Pakete und Zahlungsoptionen, um den besten Wert für Ihre Investition zu finden.

Die richtigen Fragen stellen: Ihr Weg zur richtigen Schule

Bevor Sie Ihre endgültige Entscheidung treffen, sammeln Sie so viele Informationen wie möglich. Hier sind einige wichtige Fragen, die Sie potenziellen Fahrschulen stellen sollten:

- **Wie hoch ist die Gesamterfolgsquote der Schule sowohl bei der theoretischen als auch bei der praktischen Prüfung?** Dies gibt Einblick in die Wirksamkeit ihres Unterrichts.
- **Wie viele Fahrstunden benötigen Fahrschüler im Durchschnitt, bevor sie für die praktische Prüfung bereit sind?** Dies kann Ihnen helfen, die Gesamtkosten und den Zeitaufwand abzuschätzen.

- Kann ich einer Unterrichtsstunde beiwohnen oder mit aktuellen Schülern sprechen, um aus erster Hand einen Einblick in die Lehrmethoden und das Unterrichtsumfeld der Schule zu erhalten?
- Welche Qualifikationen, Erfahrungen und Fachgebiete haben die Dozenten? Sind sie auf die Arbeit mit nervösen Fahrern oder Fahrern mit besonderen Lernbedürfnissen spezialisiert?
- In welchem Fahrzeugtyp lerne ich und verfügt es über die neuesten Sicherheitsfunktionen?
- Wie flexibel ist die Unterrichtsplanung und kann ich den Unterricht bei Bedarf problemlos verschieben?
- Wie lauten die Richtlinien der Schule zu Stornierungen und versäumten Unterrichtsstunden?
- Gibt es Ermäßigungen, etwa für Studenten, Frühbucherrabatte oder Pauschalangebote?

- **In welchen Sprachen wird der Unterricht angeboten und sind übersetzte Materialien verfügbar?**
- **Bietet die Schule Unterstützung bei der Beantragung des Führerscheins nach bestandener Prüfung?**

Vertrauen Sie Ihren Instinkten: Die endgültige Entscheidung

Die Wahl einer Fahrschule ist eine persönliche Entscheidung. Vertrauen Sie Ihrem Instinkt, nachdem Sie Informationen gesammelt und potenzielle Schulen besucht haben. Berücksichtigen Sie das allgemeine Gefühl, das Sie von der Schule, den Lehrern und der Lernumgebung bekommen. Wählen Sie die Schule aus, die Ihren Bedürfnissen, Ihrem Lernstil und Ihren Vorlieben am besten entspricht.

Wenn Sie diese Schritte unternehmen, sind Sie auf dem besten Weg, eine Fahrschule und einen Fahrlehrer zu finden, die Ihnen die Fähigkeiten und das Selbstvertrauen vermitteln, um sicher und erfolgreich durch die Straßen Münchens zu navigieren.

Kapitel 2: Eine Fahrschule und einen Fahrlehrer finden – Quiz

Anweisungen: Wählen Sie für jede Multiple-Choice-Frage die beste Antwort.

1. Welcher Faktor wird bei der Wahl einer Fahrschule in München NICHT als wichtig genannt? a) Lage und Erreichbarkeit b) Ruf und Empfehlungen c) Nähe der Schule zur Autobahn d) Fachwissen der Lehrer

Antwort: c)

2. Worauf sollte man bei einem Fahrlehrer achten? a) Ungeduld gegenüber Schülerfehlern b) Ein strenger und unflexibler Unterrichtsstil c) Klare und effektive Kommunikationsfähigkeiten d) Begrenzte Verfügbarkeit für Unterrichtsstunden

Antwort: c)

3. Welche der folgenden Kosten gehören NICHT zu den typischen Kosten, die mit dem Erwerb eines Führerscheins verbunden sind?
a) Lebensmittel, b) Unterrichtsgebühren, c) Prüfungsgebühren, d) Lernmaterialien

Antwort: a)

4. Welche Frage sollte man einer potenziellen Fahrschule stellen? a) „Wie hoch ist die Gesamterfolgsquote der Schule bei den Prüfungen?" b) „Kann ich meinen Unterricht mit Kryptowährung bezahlen?" c) „Bieten Sie kostenlose Fahrstunden an?" d) „Kann ich das Auto der Schule für den persönlichen Gebrauch ausleihen?"

Antwort: a)

5. Warum ist es wichtig, den Fuhrpark der Fahrschule zu berücksichtigen? a) Neuere Autos sind wahrscheinlich komfortabler und mit modernen Sicherheitsfunktionen ausgestattet. b) Ältere Autos eignen sich immer besser zum Autofahrenlernen. c) Der Typ des Autos spielt keine Rolle, solange es über ein Radio verfügt. d) Alle Fahrschulen in München nutzen den gleichen Fahrzeugtyp.

Antwort: a)

6. Was sollten Sie tun, wenn Sie kein deutscher Muttersprachler sind und eine Fahrschule suchen? a) Gehen Sie davon aus, dass alle Fahrschulen Unterricht auf Englisch anbieten. b) Erkundigen Sie sich, ob die Schule Unterricht in Ihrer Muttersprache anbietet oder übersetzte Materialien bereitstellt. c) Lernen Sie Deutsch, bevor Sie mit dem Fahrunterricht beginnen. d) Wählen Sie nur eine Fahrschule mit Fahrlehrern aus Ihrem Heimatland.

Antwort: b)

7. Warum ist es wichtig, den Ruf einer Fahrschule zu berücksichtigen? a) Ein guter Ruf deutet auf positive Erfahrungen früherer Schüler und einen qualitativ hochwertigen Unterricht hin. b) Alle Fahrschulen in München haben den gleichen Ruf. c) Der Ruf spielt keine Rolle, solange die Schule günstig ist. d) Online-Bewertungen sind bei der Auswahl einer Fahrschule niemals hilfreich.

Antwort: a)

8. Was versteht man unter „Mehrwertdienstleistungen" bei der Wahl einer Fahrschule? a) Kostenlose Autowaschanlagen b) Ermäßigungen auf Parkgebühren c) Zusatzangebote wie Online-Lernplattformen oder Simulatortraining d) Garantierte Arbeitsvermittlung nach Erwerb des Führerscheins

Antwort: c)

9. Warum ist es wichtig, einen anpassungsfähigen Lehrer zu finden? a) Jeder Schüler lernt im gleichen Tempo und hat die gleichen Stärken und Schwächen. b) Ein guter Lehrer passt seine Lehrmethoden an Ihre individuellen Bedürfnisse an. c) Anpassungsfähigkeit ist keine wichtige Eigenschaft eines Fahrlehrers. d) Alle Fahrlehrer in München unterrichten auf die gleiche Weise.

Antwort: b)

10. Worauf sollten Sie sich letztendlich verlassen, wenn Sie Ihre endgültige Entscheidung für eine Fahrschule treffen? a) Ignorieren Sie Ihren Instinkt und wählen Sie die günstigste Option. b) Vertrauen Sie Ihrem Bauchgefühl in Bezug auf die Schule, die Lehrer und die Lernumgebung. c) Wirf eine Münze, um zwischen zwei Schulen zu entscheiden. d)

Wählen Sie eine Schule nur nach ihrem Standort aus.

Antwort: b)

Kapitel 3: Notwendige Dokumentation und Anforderungen

Bevor Sie sich auf den Weg zu Ihrem Fahrabenteuer in München machen, müssen Sie unbedingt sicherstellen, dass Sie über alle erforderlichen Unterlagen verfügen und die von den deutschen Behörden festgelegten Anforderungen erfüllen. In diesem Kapitel werden die wesentlichen Unterlagen und Verfahren beschrieben, die Sie zur Erlangung Ihres Führerscheins benötigen.

Aufenthaltsgenehmigungs- und Visumsanforderungen

Wenn Sie kein deutscher Staatsbürger sind, spielt Ihr Aufenthaltsstatus eine entscheidende Rolle für Ihre Berechtigung zur Beantragung eines Führerscheins.[1] Folgendes müssen Sie wissen:

- **EU-/EWR-Bürger:** Staatsangehörige von Staaten der Europäischen Union (EU)

oder des Europäischen Wirtschaftsraums (EWR) genießen grundsätzlich Freizügigkeit innerhalb Deutschlands.[2] Als Wohnsitznachweis reicht Ihr gültiger Personalausweis oder Reisepass aus.
- **Nicht-EU-Bürger:** Wenn Sie aus einem Land außerhalb der EU/des EWR kommen, benötigen Sie eine gültige Aufenthaltserlaubnis, die Ihnen einen längeren Aufenthalt in Deutschland erlaubt.[3] Die Art der erforderlichen Aufenthaltserlaubnis kann je nach Aufenthaltszweck variieren (z. B. Studentenvisum, Arbeitserlaubnis, Visum zur Familienzusammenführung).

Wichtiger Hinweis: Stellen Sie sicher, dass Ihre Aufenthaltserlaubnis für die gesamte Dauer des Führerscheinantragsverfahrens und darüber hinaus gültig ist.

Erste-Hilfe-Kurs und Augenuntersuchung

Sicherheit im Straßenverkehr steht in Deutschland an erster Stelle und der Nachweis grundlegender Erste-Hilfe-Kenntnisse und einer guten Sehkraft sind zwingende Voraussetzungen für den Erwerb eines Führerscheins.[4]

- **Erste Hilfe Kurs:** Sie müssen einen zertifizierten Erste-Hilfe-Kurs absolvieren, der grundlegende lebensrettende Techniken und das Verhalten bei Unfällen behandelt.[5] These courses are offered by various organizations, such as the German Red Cross (Deutsches Rotes Kreuz) and the Johanniter-Unfall-Hilfe.[6] Stellen Sie sicher, dass der von Ihnen gewählte Studiengang von der Bundesanstalt für Straßenwesen (BASt) anerkannt ist.
- **Augenuntersuchung:** Um Ihre Sehschärfe zu beurteilen und sicherzustellen, dass Sie die Mindeststandards für das Sehvermögen

beim Fahren erfüllen, ist ein Sehtest (Sehtest) erforderlich, der von einem autorisierten Optiker oder Augenarzt durchgeführt wird.[7] Wenn Sie eine Brille oder Kontaktlinsen tragen, müssen Sie diese während des Tests tragen und dies in Ihrer Bewerbung angeben.

Tipp: Es ist ratsam, den Erste-Hilfe-Kurs und die Augenuntersuchung frühzeitig zu absolvieren, da diese Zertifikate eine begrenzte Gültigkeitsdauer haben.

Antragsverfahren für eine Lernerlaubnis

Sobald Sie Ihre Aufenthaltsgenehmigung, Erste Hilfe und Augenuntersuchung geklärt haben, ist es an der Zeit, Ihren Führerscheinantrag zu beantragen. Hier ist eine Schritt-für-Schritt-Anleitung:

1. **Sammeln Sie die erforderlichen Dokumente:**
    - Gültiger Reisepass oder Personalausweis

- Aufenthaltserlaubnis (falls zutreffend)
- Zertifikat für den Erste-Hilfe-Kurs
- Zertifikat zur Augenuntersuchung
- Passfotos (biometrisch)[8]
- Ausgefülltes Antragsformular (erhältlich bei der Führerscheinstelle oder online)[9]

2. **Besuchen Sie die Führerscheinstelle:** Finden Sie die Führerscheinstelle in Ihrem Bezirk und vereinbaren Sie einen Termin.[10] Bringen Sie alle Ihre Originaldokumente und Kopien mit.
3. **Antrag einreichen und Gebühren bezahlen:** Reichen Sie Ihren vollständigen Antrag ein und zahlen Sie die erforderlichen Gebühren. Die Gebühren variieren je nach Art der Lizenz und Ihren individuellen Umständen.
4. **Erhalten Sie Ihre Lernerlaubnis:** Sobald Ihr Antrag bearbeitet und genehmigt wurde, erhalten Sie Ihre Lernerlaubnis. Mit dieser Genehmigung können Sie Ihren

Fahrunterricht bei einem lizenzierten Lehrer beginnen.

Wichtiger Hinweis: Die Bearbeitungszeit für Anträge auf Lernerlaubnis kann variieren. Es ist ratsam, sich rechtzeitig vor dem geplanten Starttermin für den Fahrunterricht anzumelden.

Den Theorietest verstehen

Die theoretische Prüfung ist ein entscheidender Schritt auf dem Weg zum Führerschein.[11] Es bewertet Ihre Kenntnisse der deutschen Verkehrsgesetze, -vorschriften und sicheren Fahrpraktiken. Folgendes müssen Sie wissen:

- **Testformat:** Der Test besteht aus Multiple-Choice-Fragen und Gefahrenwahrnehmungsszenarien. Sie müssen Fragen zu Verkehrszeichen, Vorfahrtsregeln, Geschwindigkeitsbegrenzungen, Fahren unter Alkoholeinfluss und vielem mehr beantworten.[12]
- **Vorbereitung:** Eine gründliche Vorbereitung ist der Schlüssel zum

Bestehen der Theorieprüfung.[13] Nutzen Sie offizielle Lernmaterialien, Übungstests und Fahrschulressourcen, um sich mit Inhalt und Format vertraut zu machen.
- **Sprachoptionen:** Die Theorieprüfung wird grundsätzlich auf Deutsch angeboten. Einige Standorte bieten jedoch möglicherweise die Möglichkeit, den Test in anderen Sprachen abzulegen. Erkundigen Sie sich bei Ihrer Fahrschule oder der Führerscheinstelle nach den verfügbaren Sprachmöglichkeiten.
- **Testgültigkeit:** Nach bestandener Theorieprüfung bleibt diese 12 Monate gültig. Innerhalb dieser Frist müssen Sie die praktische Fahrprüfung bestehen oder die theoretische Prüfung wiederholen.

Zusätzliche Anforderungen für bestimmte Fälle

- **Umtausch einer ausländischen Lizenz:** Wenn Sie im Besitz eines gültigen Führerscheins aus einem anderen Land

sind, können Sie diesen möglicherweise in einen deutschen Führerschein umtauschen. Die Anforderungen und das Verfahren für den Umtausch eines ausländischen Führerscheins variieren je nach Ihrem Herkunftsland und der Art Ihres Führerscheins.[14] Für konkrete Informationen zu Ihrer Situation wenden Sie sich bitte an die Führerscheinstelle.
- **Medizinische Anforderungen:** In bestimmten Fällen kann die Vorlage eines ärztlichen Attestes oder eine ärztliche Untersuchung zur Beurteilung Ihrer Fahrtauglichkeit erforderlich sein. Dies kann erforderlich sein, wenn Sie unter bestimmten gesundheitlichen Bedingungen leiden oder einen gewerblichen Führerschein beantragen möchten.

Wenn Sie diese Dokumentationsanforderungen sorgfältig erfüllen und die Abläufe verstehen, sind Sie gut auf den Beginn Ihrer Fahrausbildung in München vorbereitet. Erkundigen Sie sich immer bei Ihrer Fahrschule oder der Führerscheinstelle nach den aktuellsten Informationen und etwaigen spezifischen Anforderungen, die für Ihre individuelle Situation gelten können.

Kapitel 3: Notwendige Dokumentation und Anforderungen – Quiz

Anweisungen: Wählen Sie für jede Multiple-Choice-Frage die beste Antwort.

1. Welches Dokument reicht für EU-/EWR-Bürger aus, um ihren Wohnsitz in Deutschland bei der Beantragung eines Führerscheins nachzuweisen? a) Geburtsurkunde b) Sozialversicherungskarte c) Gültiger Personalausweis oder Reisepass d) Bibliotheksausweis

Antwort: c)

2. Welche Erlaubnis benötigen Nicht-EU-Bürger, um in München einen

Führerschein zu beantragen? a) Nur Arbeitserlaubnis b) Touristenvisum c) Gültige Aufenthaltserlaubnis für einen längeren Aufenthalt in Deutschland d) Internationaler Führerschein

Antwort: c)

3. **Warum ist ein Erste-Hilfe-Kurs für den Erwerb des Führerscheins in Deutschland obligatorisch?** a) Um sicherzustellen, dass Fahrer komplexe medizinische Eingriffe durchführen können. b) Um Fahrer mit grundlegenden lebensrettenden Techniken und Fähigkeiten zur Reaktion auf Unfälle auszustatten. c) Zur Erfüllung einer rechtlichen Formalität ohne praktischen Zweck. d) Um den Verkauf für Hersteller von Erste-Hilfe-Sets zu fördern.

Antwort: b)

4. Wer ist berechtigt, die obligatorische Augenuntersuchung für den Führerscheinantrag durchzuführen? a) Ein Fahrschullehrer b) Ein Apotheker c) Ein autorisierter Optiker oder Augenarzt d) Ein Freund mit gutem Sehvermögen

Antwort: c)

5. Wie lautet die deutsche Bezeichnung für einen Lernfahrausweis? a) Fahrerlaubnisantrag b) Erste-Hilfe-Kurs c) Sehtest d) Führerschein

Antwort: a)

6. Wo reichen Sie normalerweise Ihren Antrag auf eine Lernerlaubnis ein? a) Bei der nächsten Polizeidienststelle b) Bei der Fahrschule c) Bei der Führerscheinstelle d) Online über eine Social-Media-Plattform

Antwort: c)

7. Was wird in der Theorieprüfung hauptsächlich beurteilt? a) Ihre Fähigkeit, einen Reifen zu wechseln. b) Ihre Kenntnisse der deutschen Verkehrsregeln, Vorschriften und sicheren Fahrpraktiken. c) Ihre Fähigkeiten im Längsparken. d) Ihre Fähigkeit, fließend Deutsch zu sprechen

Antwort: b)

8. Wie lange ist die theoretische Prüfung nach bestandener Prüfung üblicherweise gültig? a) 6 Monate b) 12 Monate c) 24 Monate d) Es ist unbegrenzt gültig

Antwort: b)

9. Was kann beim Umtausch eines ausländischen Führerscheins gegen einen deutschen erforderlich sein? a) Wiederholung der vollständigen deutschen Fahrerlaubnisprüfung (Theorie und Praxis) b) Vorlage eines ärztlichen Attests oder einer ärztlichen Untersuchung c) Vorlage einer schriftlichen Empfehlung Ihres bisherigen Fahrlehrers d) Die Anforderungen variieren je nach Herkunftsland und Führerscheinart

Antwort: d)

10. Was ist ein wichtiger Tipp im Kapitel zur Dokumentation? a) Warten Sie am besten bis zur letzten Minute, um Dokumente zusammenzustellen. b) Für die Bewerbung sind Fotokopien der Unterlagen ausreichend. c) Erkundigen Sie sich immer bei der Fahrschule oder Führerscheinstelle nach den neuesten Informationen. d) Ignorieren Sie alle spezifischen Anforderungen, die möglicherweise für Ihre individuellen Umstände gelten.

Antwort: c)

Teil 2: Die Theorie beherrschen

Kapitel 4: Die Straßenverkehrsordnung (StVO)

Willkommen im Herzstück des deutschen Autofahrens: der Straßenverkehrsordnung (StVO). Dieses Kapitel befasst sich mit den Grundprinzipien und wesentlichen Regeln, die das Fahren in Deutschland regeln, und bietet Ihnen eine solide Grundlage für einen sicheren und verantwortungsvollen Straßenverkehr.

Die Bedeutung der StVO

Die StVO ist nicht nur eine Regelsammlung; Dabei handelt es sich um ein umfassendes Rahmenwerk, das für Sicherheit, Ordnung und Effizienz auf deutschen Straßen sorgen soll.[1] Das Verständnis und die Einhaltung dieser Vorschriften ist für alle Verkehrsteilnehmer, vom Fußgänger und Radfahrer bis zum Fahrer von Pkw, Motorrädern und Lkw, von entscheidender Bedeutung.[2] Die StVO deckt ein breites Themenspektrum ab, darunter:

- **Vorfahrt:** Klare Regeln legen fest, wer in verschiedenen Verkehrssituationen Vorrang hat, vermeiden Konflikte und sorgen für einen reibungslosen Verkehrsfluss.[3]
- **Geschwindigkeitsbegrenzungen:** Deutschland ist für seine Autobahnabschnitte bekannt, auf denen es kein allgemeines Tempolimit gibt. In städtischen Gebieten, auf Landstraßen und unter bestimmten Bedingungen gelten jedoch strikte Geschwindigkeitsbegrenzungen.
- **Verkehrszeichen und Signale:** Ein umfassendes System von Verkehrszeichen und -signalen liefert den Fahrern wichtige Informationen und regelt alles von Geschwindigkeit und Richtung bis hin zu Parkbeschränkungen und Straßengefahren.[4]
- **Überholen:** Regeln regeln sichere Überholmanöver und stellen sicher, dass das Überholen ohne Gefährdung anderer Verkehrsteilnehmer erfolgt.[5]

- **Abstand halten:** Um Unfälle zu vermeiden, ist die Einhaltung eines Sicherheitsabstandes von entscheidender Bedeutung. Die StVO gibt Richtlinien für angemessene Abstände basierend auf Geschwindigkeit und Straßenzustand vor.[6]
- **Fahrspurnutzung:** Die richtige Spurdisziplin sorgt für einen effizienten Verkehrsfluss und verringert das Risiko von Kollisionen.
- **Fahrzeugbeleuchtung:** Vorschriften zur Fahrzeugbeleuchtung gewährleisten Sichtbarkeit und Sicherheit bei Nachtfahrten und widrigen Wetterbedingungen.[7]
- **Alkohol und Drogen:** Strenge Gesetze verbieten das Fahren unter Alkohol- oder Drogeneinfluss und drohen bei Verstößen hohe Strafen.[8]
- **Sicherheit für Fußgänger und Radfahrer:** Die StVO stellt die Sicherheit ungeschützter Verkehrsteilnehmer in den Vordergrund und regelt den Umgang

zwischen Autofahrern und Fußgängern bzw. Radfahrern konkret.

Verkehrszeichen und ihre Bedeutung

Deutsche Verkehrszeichen werden in drei Hauptgruppen eingeteilt:

- **Warning Signs (Gefahrenzeichen):** Diese dreieckigen Schilder mit rotem Rand machen Autofahrer auf mögliche Gefahren wie scharfe Kurven, Kreuzungen, Fußgängerüberwege oder Straßenarbeiten aufmerksam.
- **Priority Signs (Vorfahrtszeichen):** Diese Schilder regeln die Vorfahrt an Kreuzungen und Einmündungen, darunter „Stoppschild", „Vorfahrtgebot"-Schilder und Schilder, die auf Vorfahrtsstraßen hinweisen.
- **Mandatory Signs (Gebotzeichen):** Diese runden Schilder mit blauem Hintergrund weisen auf einzuhaltende Regeln wie

Geschwindigkeitsbegrenzungen, Einbahnstraßen oder Überholverbote hin.

Wichtiger Hinweis: Um die deutschen Straßen zu verstehen und sich sicher zurechtzufinden, ist es wichtig, sich mit den gängigsten Verkehrszeichen vertraut zu machen. Eine umfassende Liste der Verkehrszeichen und ihrer Bedeutung finden Sie in Anhang B dieses Handbuchs.

Vorfahrtsregeln

Um Unfälle an Kreuzungen und Einmündungen zu vermeiden, ist das Verständnis der Vorfahrt von entscheidender Bedeutung. Hier einige Grundregeln:

- **Kreuzungen ohne Schilder:** Wenn keine Schilder oder Signale die Kreuzung regeln, gilt als Faustregel „rechts vor links". Von rechts kommende Fahrzeuge haben Vorrang.[9]
- **Vorrangige Straßen:** Mit einem gelben Rautenzeichen gekennzeichnete Straßen weisen auf eine Vorfahrtsstraße hin.[10]

Fahrzeuge auf der Vorfahrtsstraße haben Vorfahrt gegenüber Fahrzeugen, die von Nebenstraßen her einfahren.

- **„Vorfahrt geben"-Schilder:** Ein dreieckiges Schild mit weißem Hintergrund und rotem Rand weist Sie darauf hin, dass Sie Fahrzeugen auf der kreuzenden Straße Vorfahrt gewähren müssen.[11]
- **„Stopp"-Schilder:** Ein achteckiges rotes Schild mit der Aufschrift „STOP" fordert Sie auf, vor der Weiterfahrt vollständig anzuhalten und dem übrigen Verkehr Vorfahrt zu gewähren.[12]

Geschwindigkeitsbegrenzungen

In Deutschland gibt es je nach Straßentyp und Standort unterschiedliche Geschwindigkeitsbegrenzungen:[13]

- **Städtische Gebiete:** Die allgemeine Geschwindigkeitsbegrenzung innerhalb geschlossener Ortschaften beträgt 50 km/h.[14]

- **Außerhalb bebauter Gebiete:** Auf freien Straßen außerhalb von Städten beträgt die allgemeine Geschwindigkeitsbegrenzung 100 km/h.
- **Autobahn:** Während es auf einigen Abschnitten der Autobahn keine allgemeine Geschwindigkeitsbegrenzung gibt, sind empfohlene Geschwindigkeitsbegrenzungen von 130 km/h üblich.[15] Passen Sie Ihre Geschwindigkeit immer an die Verkehrsbedingungen, die Sicht und die Fähigkeiten Ihres Fahrzeugs an.
- **Spezifische Grenzen:** In Bereichen mit Schulen, Krankenhäusern oder Fußgängerzonen können niedrigere Geschwindigkeitsbegrenzungen angebracht sein.[16] Aufgrund von Straßenarbeiten oder ungünstigen Wetterbedingungen können vorübergehende Geschwindigkeitsbegrenzungen gelten.[17]

Fahren unter Einfluss

Das Fahren unter Alkohol- oder Drogeneinfluss ist in Deutschland eine schwere Straftat mit schwerwiegenden Folgen.[18] Hier sind die wichtigsten Grenzwerte:

- **Blutalkoholgehalt (BAC):** Der gesetzliche BAC-Grenzwert für erfahrene Fahrer liegt bei 0,5 %. Für Fahranfänger (innerhalb der ersten zwei Jahre nach der Fahrerlaubnis) und Berufskraftfahrer beträgt die Grenze 0,0 %.
- **Drogenkonsum:** Das Fahren unter dem Einfluss von Drogen, die die Fahrtüchtigkeit beeinträchtigen, ist strengstens verboten.[19]

Weitere wesentliche StVO-Regeln

- **Überholen:** Überholen ist grundsätzlich auf der linken Seite erlaubt.[20] Das Überholen auf der rechten Seite ist nur in bestimmten Situationen erlaubt, etwa auf

mehrspurigen Straßen mit zähfließendem Verkehr auf der linken Spur.
- **Abstand halten:** Die „Zwei-Sekunden-Regel" ist ein guter Richtwert für die Einhaltung des Sicherheitsabstandes. Bei widrigen Wetterbedingungen den Abstand vergrößern.
- **Mobiltelefonnutzung:** Die Nutzung eines Mobiltelefons während der Fahrt ist verboten.[21] Freisprecheinrichtungen sind erlaubt, es ist jedoch am besten, Ablenkungen zu minimieren.
- **Sicherheitsgurte:** Das Anlegen von Sicherheitsgurten ist für alle Fahrzeuginsassen Pflicht.[22]
- **Kinderrückhaltesysteme:** Kinder unter 12 Jahren oder unter 150 cm Körpergröße müssen geeignete Kinderrückhaltesysteme verwenden.[23]

Bleiben Sie über die StVO auf dem Laufenden

Die StVO unterliegt regelmäßigen Aktualisierungen und Änderungen.[24] Es ist wichtig, über alle Änderungen der Vorschriften auf dem Laufenden zu bleiben. Aktuelle Informationen finden Sie auf offiziellen Regierungswebsites, bei Ihrer Fahrschule oder in juristischen Publikationen.

Mit der Beherrschung der Straßenverkehrsordnung demonstrieren Sie Ihr Engagement für verantwortungsvolles Fahren und tragen zur Sicherheit und Effizienz der Straßen in München und darüber hinaus bei. Stellen Sie immer die Sicherheit in den Vordergrund, halten Sie sich an die Regeln und genießen Sie die Freiheit und Mobilität, die das Autofahren in Deutschland mit sich bringt.

30 TRAFFIC SIGNS TO FOLLOW

STOP	NO ENTRY	GIVE WAY	ONE-WAY TRAFFIC	NO STRAIGHT AHEAD	NO VEHICLES IN BOTH DIRECTIONS
ALL MOTOR VEHICLES PROHIBITED	NO MOTORCYCLES	NO BICYCLES	NO PEDESTRIANS	NO HEAVY VEHICLES	NO LEFT TURN
NO RIGHT TURN	NO U-TURN	NO OVERTAKING	SPEED LIMIT	WEIGHT LIMIT	LENGTH LIMIT
HEIGHT LIMIT	NO PARKING	HORN PROHIBITED	NO BULLOCK CARTS	LEFT CURVE	RIGHT CURVE

ROUNDABOUT AHEAD	TRAFFIC SIGNALS AHEAD	LEVEL CROSSING WITH BARRIER AHEAD	LEVEL CROSSING WITHOUT BARRIER AHEAD	UNEVEN ROAD	NARROW BRIDGE

Kapitel 4: Die Straßenverkehrsordnung (StVO) - Quiz

Anweisungen: Wählen Sie für jede Multiple-Choice-Frage die beste Antwort.

1. Wofür steht die StVO? a) Nur Straßenfahrzeuge b) Normaler Verkehrsbetrieb c) Straßenverkehrsordnung d) Fahrzeugsicherheitsverordnung

Antwort: c)

2. Wie hoch ist die allgemeine Geschwindigkeitsbegrenzung innerhalb geschlossener Ortschaften in Deutschland? a) 30 km/h b) 50 km/h c) 70 km/h d) 100 km/h

Antwort: b)

3. Welche Form wird typischerweise für Gefahrenzeichen verwendet? a) Rund b) Quadratisch c) Dreieckig d) Rechteckig

Antwort: c)

4. Was bedeutet ein „Vorfahrt geben"-Schild?
a) Sie haben Vorrang vor dem gesamten anderen Verkehr. b) Sie müssen vollständig zum Stillstand kommen. c) Sie müssen den Fahrzeugen auf der Kreuzungsstraße Vorfahrt gewähren. d) Sie können ohne Vorsicht fortfahren.

Antwort: c)

5. Wie hoch ist der gesetzliche Grenzwert für den Blutalkoholgehalt (BAC) für erfahrene Fahrer in Deutschland? a) 0,0 % b) 0,3 % c) 0,5 % d) 0,8 %

Antwort: c)

6. Auf welcher Straßenseite darf man in Deutschland grundsätzlich überholen? a) Rechts b) Links c) Beidseitig d) Überholen ist verboten

Antwort: b)

7. Wofür ist die „Zwei-Sekunden-Regel" eine Richtlinie? a) Überprüfen Sie Ihren toten Winkel. b) Halten Sie einen Sicherheitsabstand ein. c) Wechseln Sie die Spur. d) Verwenden Sie Ihren Blinker

Antwort: b)

8. Ist es in Deutschland legal, beim Autofahren ein Mobiltelefon zu benutzen? a) Ja, aber nur zum Tätigen von Notrufen. b) Ja, solange Sie ein Headset verwenden. c) Nein, es ist verboten. d) Ja, aber nur beim Anhalten an einer roten Ampel.

Antwort: c)

9. Welches der folgenden ist in Deutschland KEINE Kategorie von Verkehrszeichen? a)

Warnzeichen b) Informationszeichen c) Gebotszeichen d) Vorrangzeichen

Antwort: b)

10. Warum ist es wichtig, über die StVO auf dem Laufenden zu bleiben? a) Die Vorschriften werden nie aktualisiert. b) Änderungen der Vorschriften können auftreten und es ist wichtig, sich darüber im Klaren zu sein. c) Nur Berufskraftfahrer müssen die aktualisierten Vorschriften kennen. d) Die Missachtung der Aktualisierungen der StVO hat keine Konsequenzen.

Antwort: b)

Kapitel 5: Sichere Fahrpraktiken

Die Beherrschung der Verkehrsregeln ist unerlässlich, doch um ein wirklich sicherer und verantwortungsbewusster Fahrer zu werden, bedarf es mehr als nur der Kenntnis der StVO. In diesem Kapitel werden die Kernprinzipien und -praktiken untersucht, die zum sicheren Fahren in München und darüber hinaus beitragen und Ihr Wohlbefinden und die Sicherheit anderer Verkehrsteilnehmer gewährleisten.

Die Grundlage für sicheres Fahren: Einstellung und Bewusstsein

Sicheres Fahren beginnt mit der richtigen Einstellung. Kultivieren Sie diese Grundeinstellungen:

- **Verantwortung:** Erkennen Sie, dass Autofahren ein Privileg ist, das mit großer Verantwortung verbunden ist. Ihre Handlungen am Steuer wirken sich direkt auf Ihre Sicherheit und die Sicherheit anderer aus.

- **Respektieren:** Zeigen Sie Respekt gegenüber allen Verkehrsteilnehmern, einschließlich Fußgängern, Radfahrern, Motorradfahrern und anderen Autofahrern. Seien Sie im Umgang höflich und rücksichtsvoll.
- **Geduld:** Vermeiden Sie aggressives Fahrverhalten wie Geschwindigkeitsüberschreitung, dichtes Auffahren oder Durchschlängeln durch den Verkehr. Üben Sie Geduld, insbesondere bei Stau oder herausfordernden Situationen.
- **Fokus:** Autofahren erfordert Ihre volle Aufmerksamkeit. Minimieren Sie Ablenkungen und vermeiden Sie Aktivitäten, die Sie von der Straße ablenken, z. B. die Nutzung Ihres Mobiltelefons, das Essen oder die Teilnahme an komplexen Gesprächen.

Defensive Fahrtechniken: Antizipieren und Reagieren

Beim defensiven Fahren geht es darum, potenzielle Gefahren vorherzusehen und darauf vorbereitet zu sein, effektiv zu reagieren. Hier sind einige Schlüsseltechniken:

- **Beobachtung:** Überprüfen Sie ständig Ihre Umgebung, überprüfen Sie regelmäßig Ihre Spiegel und achten Sie auf das Verhalten anderer Verkehrsteilnehmer.
- **Vorwegnahme:** Prognostizieren Sie potenzielle Gefahren, indem Sie Verkehrsmuster, Straßenverhältnisse und das Verhalten von Fußgängern und Radfahrern beobachten.
- **Raummanagement:** Halten Sie einen Sicherheitsabstand zum vorausfahrenden Fahrzeug ein, damit Sie genügend Zeit haben, auf unerwartete Situationen zu reagieren.
- **Geschwindigkeitskontrolle:** Passen Sie Ihre Geschwindigkeit an die

vorherrschenden Bedingungen wie Verkehrsdichte, Wetter und Sichtverhältnisse an. Überschreiten Sie niemals die angegebene Geschwindigkeitsbegrenzung.
- **Spurdisziplin:** Bleiben Sie auf Ihrer Spur und vermeiden Sie unnötige Spurwechsel. Machen Sie deutlich, was Sie vorhaben, bevor Sie die Spur wechseln oder abbiegen.
- **Aufklärung über den toten Winkel:** Achten Sie auf die toten Winkel Ihres Fahrzeugs und überprüfen Sie diese sorgfältig, bevor Sie die Spur wechseln oder einfädeln.
- **Kreuzungssicherheit:** Nähern Sie sich Kreuzungen vorsichtig und achten Sie auf Verkehr aus allen Richtungen, auch wenn Sie Vorfahrt haben.

Fahren bei unterschiedlichen Wetterbedingungen

München erlebt das ganze Jahr über unterschiedliche Wetterbedingungen, die die

Autofahrer jeweils vor besondere Herausforderungen stellen.

- **Regen:** Reduzieren Sie Ihre Geschwindigkeit, vergrößern Sie den Abstand und nutzen Sie Ihre Scheinwerfer. Achten Sie auf Aquaplaning, eine gefährliche Situation, bei der Ihre Reifen aufgrund von Wasseransammlungen den Kontakt zur Straßenoberfläche verlieren.
- **Schnee und Eis:** Fahren Sie langsam und gleichmäßig und vermeiden Sie plötzliches Beschleunigen oder Bremsen. Verwenden Sie Winterreifen für optimalen Grip und Traktion. Erhöhen Sie Ihren Folgeabstand deutlich.
- **Nebel:** Reduzieren Sie Ihre Geschwindigkeit, nutzen Sie die Nebelscheinwerfer und vergrößern Sie den Abstand. Seien Sie auf eingeschränkte Sicht und mögliche Gefahren vorbereitet.
- **Starke Winde:** Achten Sie auf Seitenwind, insbesondere auf Brücken

oder freien Straßenabschnitten. Halten Sie das Lenkrad fest und seien Sie darauf vorbereitet, Anpassungen vorzunehmen, um die Kontrolle über Ihr Fahrzeug zu behalten.

Fahrzeugwartung: Eine gemeinsame Verantwortung

Für sicheres Fahren ist es von entscheidender Bedeutung, dass Ihr Fahrzeug in einwandfreiem Zustand ist. Regelmäßige Wartungskontrollen und die schnelle Behebung etwaiger Probleme können Ausfälle und Unfälle verhindern.

- **Reifen:** Überprüfen Sie regelmäßig den Reifendruck und stellen Sie sicher, dass Ihre Reifen eine ausreichende Profiltiefe haben. Ersetzen Sie abgenutzte Reifen umgehend.
- **Bremsen:** Lassen Sie Ihre Bremsen regelmäßig überprüfen und beseitigen Sie sofort Anzeichen von Verschleiß oder Fehlfunktionen.

- **Lichter:** Stellen Sie sicher, dass alle Ihre Lichter ordnungsgemäß funktionieren, einschließlich Scheinwerfer, Rücklichter, Bremslichter und Blinker.
- **Flüssigkeiten:** Überprüfen Sie regelmäßig den Motoröl-, Kühlmittel- und Bremsflüssigkeitsstand und füllen Sie ihn bei Bedarf auf.
- **Scheibenwischer:** Ersetzen Sie abgenutzte Wischerblätter, um bei Regen oder Schnee eine klare Sicht zu gewährleisten.

Den Weg mit gefährdeten Benutzern teilen

Fußgänger und Radfahrer sind im Straßenverkehr besonders gefährdet. Als Fahrer liegt es in Ihrer Verantwortung, deren Sicherheit in den Vordergrund zu stellen.

- **Fußgängerüberwege:** Geben Sie Fußgängern an markierten Zebrastreifen immer Vorrang und seien Sie bereit,

anzuhalten, auch wenn es keinen markierten Kreuzungspunkt gibt.
- **Radfahrer:** Geben Sie Radfahrern beim Überholen ausreichend Platz und achten Sie auf ihre Bewegungen, insbesondere an Kreuzungen.
- **Blinde Flecken:** Seien Sie beim Abbiegen oder Spurwechsel besonders vorsichtig, da Radfahrer und Fußgänger in toten Winkeln leicht verdeckt werden können.

Ökologisches Fahren: Kraftstoffeffizienz und Umweltverantwortung

Beim umweltfreundlichen Fahren handelt es sich um eine Reihe von Techniken, die die Kraftstoffeffizienz fördern und die Umweltbelastung verringern.

- **Sanftes Beschleunigen und Bremsen:** Vermeiden Sie plötzliches Beschleunigen oder Bremsen, da dies Kraftstoff verschwendet und den Verschleiß Ihres Fahrzeugs erhöht.

- **Behalten Sie eine konstante Geschwindigkeit bei:** Das Fahren mit konstanter Geschwindigkeit, insbesondere auf der Autobahn, verbessert die Kraftstoffeffizienz.
- **Den Verkehrsfluss antizipieren:** Schauen Sie nach vorne und antizipieren Sie den Verkehrsfluss, um unnötiges Anhalten und Anfahren zu vermeiden.
- **Gangschaltung optimieren:** Schalten Sie die Gänge sanft und mit angemessener Geschwindigkeit, um die Kraftstoffeffizienz zu maximieren.
- **Leerlauf reduzieren:** Schalten Sie den Motor aus, wenn Sie voraussichtlich länger als eine Minute stillstehen.

Kontinuierliches Lernen: Sicher unterwegs sein

Sicheres Fahren ist ein fortlaufender Prozess. Bleiben Sie über neue Verkehrsregeln, Sicherheitstechnologien und Fahrtechniken informiert. Erwägen Sie die Teilnahme an Fahrkursen für Fortgeschrittene oder

Auffrischungskursen, um Ihre Fähigkeiten und Kenntnisse zu verbessern.

Indem Sie diese sicheren Fahrpraktiken übernehmen, tragen Sie zu einem sichereren und verantwortungsbewussteren Fahrumfeld in München und darüber hinaus bei. Denken Sie daran, dass es beim sicheren Fahren nicht nur darum geht, Unfälle zu vermeiden. Es geht darum, ein positives und respektvolles Erlebnis für alle Verkehrsteilnehmer zu schaffen.

Kapitel 5: Sichere Fahrpraktiken – Quiz

Anweisungen: Wählen Sie für jede Multiple-Choice-Frage die beste Antwort.

1. Welche der folgenden Einstellungen ist KEINE Schlüsseleinstellung für sicheres Fahren? a) Verantwortung, b) Aggressivität, c) Geduld, d) Konzentration

Antwort: b)

2. Was ist ein Schlüsselelement des defensiven Fahrens? a) Mögliche Gefahren ignorieren b) Das Fahrzeug vor Ihnen dicht aufhalten c) Mögliche Gefahren antizipieren und darauf vorbereitet sein, zu reagieren d) So schnell wie möglich fahren

Antwort: c)

3. Was sollten Sie tun, wenn Sie bei Regen fahren? a) Erhöhen Sie Ihre Geschwindigkeit, um Aquaplaning zu vermeiden. b) Reduzieren Sie Ihre Geschwindigkeit und vergrößern Sie den Abstand. c) Nutzen Sie das Fernlicht für eine bessere Sicht. d) Ignorieren Sie die Gefahr von Aquaplaning

Antwort: b)

4. Warum ist eine regelmäßige Fahrzeugwartung für sicheres Fahren wichtig? a) Es hilft, Pannen und Unfälle zu verhindern. b) Es ist gesetzlich vorgeschrieben, hat aber keine Auswirkungen auf die Sicherheit. c) Es ist nur für ältere Fahrzeuge erforderlich. d) Es dient rein kosmetischen Zwecken

Antwort: a)

5. Was sollten Sie tun, wenn Sie sich einem Fußgängerüberweg nähern? a) Beschleunigen Sie die Überfahrt, bevor Fußgänger eintreffen. b) Geben Sie Fußgängern immer den Vortritt, auch wenn kein markierter Übergang vorhanden ist. c) Ignorieren Sie Fußgänger und fahren Sie wie gewohnt fort. d) Halten Sie nur an, wenn der Fußgänger Ihnen zuwinkt

Antwort: b)

6. Wie überholt man einen Radfahrer? a) Fahren Sie so nah wie möglich vorbei, um Zeit zu sparen. b) Geben Sie dem Radfahrer ausreichend Platz und achten Sie auf seine

Bewegungen. c) Hupen Sie, um den Radfahrer auf Ihre Anwesenheit aufmerksam zu machen. d) Überholen Sie den Radfahrer nur auf der rechten Seite

Antwort: b)

7. Was ist umweltfreundliches Fahren? a) Fahren ausschließlich mit Elektrofahrzeugen b) Fahrtechniken, die die Kraftstoffeffizienz fördern und die Umweltbelastung verringern c) Fahren ohne Rücksicht auf den Kraftstoffverbrauch d) Fahren nur am Wochenende, um Kraftstoff zu sparen

Antwort: b)

8. Welche der folgenden Methoden ist KEINE umweltschonende Fahrweise? a) Sanftes Beschleunigen und Bremsen, b) Eine konstante Geschwindigkeit beibehalten, c) Den Motor an der Ampel hochdrehen, d) Den Verkehrsfluss vorhersehen

Antwort: c)

9. Warum ist kontinuierliches Lernen für sicheres Fahren wichtig? a) Um Ihre Freunde mit Ihrem Fahrwissen zu beeindrucken. b) Um über neue Verkehrsregeln, Sicherheitstechnologien und Fahrtechniken informiert zu bleiben. c) Um Langeweile beim Fahren zu vermeiden. d) Um ein professioneller Rennfahrer zu werden

Antwort: b)

10. Was ist das übergeordnete Ziel sicherer Fahrpraktiken? a) Rennen gewinnen b) So schnell wie möglich ans Ziel kommen c) Ein positives und respektvolles Erlebnis für alle Verkehrsteilnehmer schaffen und die Sicherheit aller gewährleisten d) Den Kraftstoffverbrauch um jeden Preis minimieren

Antwort: c)

Kapitel 6: Vorbereitung auf die Theorieprüfung

Die Theorieprüfung ist die erste große Hürde auf dem Weg zum Münchner Führerschein.[1] Dieses Kapitel bietet einen umfassenden Leitfaden zur effektiven Vorbereitung, zur Erhöhung Ihrer Erfolgschancen und zum Aufbau einer soliden Wissensgrundlage für Ihre Fahrt.

Das Theorietestformat verstehen

Bei der theoretischen Prüfung werden Ihr Verständnis der deutschen Straßenverkehrsordnung (StVO), sicheres Fahrverhalten und Gefahrenwahrnehmung geprüft. Es ist in der Regel computergestützt und besteht aus zwei Hauptteilen:

- **Multiple-Choice-Fragen:** In diesem Abschnitt werden eine Reihe von Fragen mit mehreren Antwortmöglichkeiten vorgestellt.[2] Sie müssen die richtige Antwort basierend auf Ihren Kenntnissen über Verkehrsregeln, Verkehrszeichen und

Grundsätze für sicheres Fahren auswählen.
- **Gefahrenwahrnehmungstest:** In diesem Abschnitt wird Ihre Fähigkeit beurteilt, potenzielle Gefahren im Straßenverkehr zu erkennen und darauf zu reagieren. Ihnen werden Videoclips von Fahrszenarien gezeigt und Sie werden gebeten, sich entwickelnde Gefahren zu erkennen, wie zum Beispiel Fußgänger, die die Straße überqueren, Radfahrer, die sich einer Kreuzung nähern, oder Fahrzeuge, die die Spur wechseln.

Offizielle Lernmaterialien und Ressourcen

Nutzen Sie zur effektiven Vorbereitung die offiziellen Lernmaterialien des Bundesministeriums für Verkehr und digitale Infrastruktur (BMVI). Zu diesen Ressourcen gehören:

- **The Official Driver's Handbook (Fahrschüler-Ausbildungsordnung):**

Dieses umfassende Handbuch deckt alle wesentlichen Themen der theoretischen Prüfung ab und bietet detaillierte Erläuterungen zu Verkehrsregeln, Verkehrsschildern und sicheren Fahrpraktiken.

- **Official Practice Tests (Prüfungsfragen):** Machen Sie sich mit dem Format und den Arten der Fragen vertraut, denen Sie im eigentlichen Test begegnen, indem Sie mit offiziellen Testfragen üben. Diese sind oft online oder über Ihre Fahrschule erhältlich.

Effektive Lernstrategien

- **Erstellen Sie einen Studienplan:** Nehmen Sie sich Zeit zum Lernen und teilen Sie den Stoff in überschaubare Abschnitte auf.[3] Konsistenz ist der Schlüssel!
- **Aktiver Rückruf:** Anstatt das Material passiv zu lesen, testen Sie sich regelmäßig

mit Lernkarten, Übungsfragen oder der Zusammenfassung wichtiger Konzepte.
- **Konzentrieren Sie sich auf das Verstehen:** Merken Sie sich nicht nur Regeln; Bemühen Sie sich, die Gründe dafür zu verstehen. Dies wird Ihnen helfen, das Wissen in realen Fahrsituationen anzuwenden.
- **Visuelles Lernen:** Verwenden Sie Diagramme, Illustrationen und Videos, um Ihr Verständnis von Verkehrszeichen, Straßenmarkierungen und Fahrszenarien zu verbessern.
- **Simulieren Sie die Testumgebung:** Üben Sie die Durchführung von Probetests unter zeitlich festgelegten Bedingungen, um sich an den Druck und das Format des tatsächlichen Tests zu gewöhnen.
- **Identifizieren Sie Schwachstellen:** Analysieren Sie die Ergebnisse Ihrer Übungstests, um Bereiche zu identifizieren, auf die Sie Ihre Lernbemühungen konzentrieren müssen.[4]

- **Bitte um Klärung:** Zögern Sie nicht, Ihren Fahrlehrer oder Ihre Klassenkameraden um Erläuterungen zu Konzepten zu bitten, die Sie als herausfordernd empfinden.

Tipps für den Erfolg bei der Theorieprüfung

- **Lesen Sie die Fragen sorgfältig durch:** Achten Sie genau auf den Wortlaut jeder Frage und stellen Sie sicher, dass Sie verstehen, was gefragt wird.
- **Verwalten Sie Ihre Zeit:** Passen Sie während des Tests Ihr Tempo an und verbringen Sie nicht zu viel Zeit mit einer einzelnen Frage.
- **Eliminieren Sie falsche Antworten:** Wenn Sie sich bei der richtigen Antwort nicht sicher sind, nutzen Sie den Ausschlussprozess, um Ihre Auswahl einzugrenzen.
- **Vertrauen Sie Ihren Instinkten:** Wenn Sie sich gründlich vorbereitet haben,

vertrauen Sie bei der Beantwortung von Fragen Ihrem anfänglichen Instinkt.
- **Bleiben Sie ruhig und konzentriert:** Prüfungsangst ist normal.[5] Atmen Sie tief durch, konzentrieren Sie sich auf die anstehende Aufgabe und denken Sie daran, dass Sie sich darauf vorbereitet haben.

Jenseits des Tests: Aufbau einer Grundlage für sicheres Fahren

Die Theorieprüfung ist nicht nur eine Hürde, die es zu überwinden gilt; Es ist eine Gelegenheit, eine solide Wissensgrundlage aufzubauen, die Ihnen während Ihrer gesamten Fahrerkarriere von Nutzen sein wird. Sehen Sie sich das Material auch nach bestandener Prüfung weiterhin an und bleiben Sie über etwaige Änderungen der Verkehrsgesetze oder -vorschriften auf dem Laufenden.

Wenn Sie diese Tipps befolgen und sich einer effektiven Vorbereitung widmen, erhöhen Sie Ihre Erfolgschancen bei der theoretischen

Prüfung und legen den Grundstein dafür, ein sicherer und verantwortungsbewusster Fahrer in München zu werden. Denken Sie daran, dass das Ziel nicht nur darin besteht, die Prüfung zu bestehen, sondern auch darin, sich die Kenntnisse und Fähigkeiten anzueignen, die für ein sicheres und sicheres Navigieren auf der Straße erforderlich sind.

Kapitel 6: Vorbereitung auf die Theorieprüfung – Quiz

Anweisungen: Wählen Sie für jede Multiple-Choice-Frage die beste Antwort.

1. Was sind die beiden Hauptteile der deutschen Fahrtheorieprüfung? a) Ein schriftlicher Aufsatz und eine Fahrsimulation, b) Multiple-Choice-Fragen und ein Gefahrenwahrnehmungstest, c) eine mündliche Prüfung und eine praktische Fahrprüfung, d) eine ärztliche Untersuchung und ein Sehtest

Antwort: b)

2. Wie heißt das offizielle Handbuch zum Erlernen der deutschen Verkehrsregeln? a) Das Fahrvergnügen b) Fahrschüler-Ausbildungsordnung c) Autobahn-Fibel d) Der StVO-Meister

Antwort: b)

3. Welche der folgenden Strategien ist eine effektive Lernstrategie für die Theorieprüfung? a) Den gesamten Stoff am Abend vor dem Test zusammenpauken. b) Nur das offizielle Handbuch lesen, ohne Fragen zu üben. c) Einen Lernplan erstellen und aktive Erinnerungstechniken anwenden. d) Sich ausschließlich auf Online-Tests aus nicht überprüften Quellen verlassen

Antwort: c)

4. Was sollten Sie tun, wenn Sie bei der Theorieprüfung auf eine herausfordernde

Frage stoßen? a) Panik geraten und zufällig raten b) Überspringen Sie die Frage und kommen Sie später darauf zurück, wenn es die Zeit erlaubt. c) Verbringen Sie die verbleibende Testzeit mit dieser einen Frage. d) Bitten Sie die Person neben Ihnen um die Antwort

Antwort: b)

5. Warum ist es wichtig, die Hintergründe der Verkehrsregeln zu verstehen und sie nicht nur auswendig zu lernen? a) Um Ihren Fahrlehrer mit Ihrem Wissen zu beeindrucken. b) Um mit Polizeibeamten zu streiten, wenn Sie angehalten werden. c) Um Ihnen zu helfen, das Wissen in realen Fahrsituationen anzuwenden. d) Um ein Experte für Verkehrsrecht zu werden

Antwort: c)

6. Was ist der Zweck des Gefahrenwahrnehmungstests? a) Um Ihr

Wissen über Automechanik zu testen. b) Um Ihre Fähigkeit zu beurteilen, potenzielle Gefahren auf der Straße zu erkennen und darauf zu reagieren. c) Um Ihre Reaktionszeit bei einem simulierten Autounfall zu messen. d) Um Ihre Parkfähigkeiten zu bewerten

Antwort: b)

7. Was sollten Sie tun, um die Testumgebung während des Lernens zu simulieren? a) Lernen Sie in einem lauten Café, um sich an Ablenkungen zu gewöhnen. b) Üben Sie die Durchführung von Probetests unter Zeitvorgaben. c) Sehen Sie sich während der Fahrt Fahrvideos auf Ihrem Telefon an. d) Lernen Sie nur, wenn Sie sich müde fühlen

Antwort: b)

8. Wie kann man Prüfungsangst während der Theorieprüfung in den Griff bekommen? a)

Trinken Sie viel Kaffee, um aufmerksam zu bleiben. b) Kommen Sie zu spät zum Testzentrum, um Wartezeiten zu vermeiden. c) Atmen Sie tief durch und konzentrieren Sie sich auf die anstehende Aufgabe. d) Sprechen Sie während des Tests mit Ihrem Nachbarn

Antwort: c)

9. Warum ist es wichtig, den Theoriestoff auch nach bestandener Prüfung weiter zu wiederholen? a) Um sich auf eine Wiederholungsprüfung vorzubereiten, falls Sie die praktische Prüfung nicht bestehen. b) Um Ihre Fahrgäste mit Vorträgen zum Verkehrsrecht zu langweilen. c) Um über Änderungen der Verkehrsgesetze und -vorschriften auf dem Laufenden zu bleiben. d) Um Fahrlehrer zu werden

Antwort: c)

10. Was ist das ultimative Ziel der Vorbereitung auf die Theorieprüfung? a) Sich alle Antworten merken, ohne sie zu verstehen. b) Den Test mit der absoluten Mindestpunktzahl bestehen. c) Das Wissen und die Fähigkeiten erwerben, die für sicheres und verantwortungsbewusstes Fahren erforderlich sind. d) Vor Freunden mit der hohen Punktzahl prahlen

Antwort: c)

Teil 3: Hinter dem Lenkrad

Kapitel 7: Die praktischen Fahrstunden

Beim praktischen Fahrunterricht geht es buchstäblich auf die Straße! Dieses Kapitel befasst sich mit den Kernelementen Ihrer praktischen Fahrerausbildung und führt Sie durch die wesentlichen Fähigkeiten, Manöver und Erfahrungen, die Sie zu einem selbstbewussten und verantwortungsbewussten Fahrer in München machen.

Der Aufbau praktischer Fahrstunden

Ihre praktischen Fahrstunden werden eine strukturierte Reise sein, die darauf ausgelegt ist, Ihre Fähigkeiten und Ihr Selbstvertrauen schrittweise auszubauen. Hier ist ein typischer Verlauf:

- **Grundlegende Fahrzeugsteuerung:** Sie beginnen mit der Beherrschung der Grundlagen – Lenken, Beschleunigen, Bremsen und Kuppeln (wenn Sie ein Schaltgetriebe fahren). Sie lernen, das

Fahrzeug in einer kontrollierten Umgebung, beispielsweise einem ruhigen Parkplatz oder einem ausgewiesenen Übungsbereich, reibungslos und sicher zu steuern.
- **Wesentliche Manöver:** Sie werden mit wichtigen Manövern wie dem Anfahren und Anhalten an einer Steigung, dem Parken (paralleles Parken, Senkrechtes Parken und Schrägparken), Wenden und Dreipunktdrehungen fortfahren.
- **Verkehrseinweisung:** Sobald Sie die grundlegende Steuerung beherrschen, wagen Sie sich auf öffentliche Straßen, beginnend mit ruhigeren Straßen und gelangen nach und nach in belebtere städtische Umgebungen. Sie lernen, an Kreuzungen, Kreisverkehren und Ampeln zu navigieren, dabei die Verkehrsregeln zu beachten und mit anderen Verkehrsteilnehmern zu interagieren.
- **Fortgeschrittene Fähigkeiten:** Wenn Ihr Selbstvertrauen wächst, werden Sie anspruchsvollere Situationen meistern,

wie etwa das Fahren auf der Autobahn (einschließlich ordnungsgemäßer Fahrspurdisziplin und Überholverfahren), das Navigieren auf Landstraßen und das Bewältigen von Nachtfahrten.
- **Besondere Situationen:** Ihr Lehrer wird Sie in spezielle Situationen einführen, wie das Fahren bei widrigen Wetterbedingungen (Regen, Schnee, Nebel), den Umgang mit Notfällen (z. B. plötzliches Bremsen, Ausweichen vor Hindernissen) und das Reagieren auf unerwartete Gefahren.

Erforderliche Fahrmanöver

Das Beherrschen spezifischer Fahrmanöver ist sowohl für Ihre praktische Prüfung als auch für Ihre gesamte Fahrkompetenz von entscheidender Bedeutung. Hier sind einige wichtige Manöver, auf die Sie sich konzentrieren werden:

- **Anfahren und Anhalten:** Sanftes Anfahren Ihres Fahrzeugs aus dem Stand,

auch an einer Steigung (Anfahren am Berg), und kontrolliertes Anhalten.
- **Lenksteuerung:** Behalten Sie die präzise Lenkkontrolle beim Navigieren in Kurven, Kurven und bei Spurwechseln bei.
- **Gangwechsel (Schaltgetriebe):** Sanftes Hoch- und Herunterschalten der Gänge, Anpassung der Motordrehzahl an die Fahrgeschwindigkeit für optimale Kontrolle und Kraftstoffeffizienz.
- **Parken:** Durchführen verschiedener Parkmanöver, einschließlich paralleles Parken, senkrechtes Parken (in eine Bucht) und schräges Parken.
- **Drehen:** Sicheres und präzises Abbiegen an Kreuzungen, einschließlich Links- und Rechtsabbiegen, unter Beachtung der Vorfahrtsregeln und Verkehrsampeln.
- **Dreipunktdrehung:** Durchführen einer sicheren und kontrollierten Dreipunktdrehung in die umgekehrte Richtung auf engstem Raum.

- **Rückwärtsfahren:** Geradeaus und um Kurven rückwärts fahren, Spiegel benutzen und die Umgebung beobachten.
- **Notbremsung:** Führen Sie einen kontrollierten Notstopp durch und demonstrieren Sie so Ihre Fähigkeit, schnell und sicher auf unerwartete Gefahren zu reagieren.

Fahren auf der Autobahn

Das Fahren auf der Autobahn ist ein einzigartiges Erlebnis, das besondere Fähigkeiten und Aufmerksamkeit erfordert. Ihr Lehrer wird Sie durch Folgendes führen:

- **Fahren mit hoher Geschwindigkeit:** Erhöhen Sie Ihre Geschwindigkeit auf der Autobahn schrittweise, behalten Sie dabei die Kontrolle und beachten Sie die Geschwindigkeitsbegrenzungen (sofern zutreffend).
- **Spurdisziplin:** Bleiben Sie auf der Spur ganz rechts, sofern Sie nicht überholen,

und nutzen Sie die linke Spur nur zum Überholen.
- **Überholverfahren:** Sicheres und effizientes Überholen langsamerer Fahrzeuge, einschließlich der Überprüfung Ihrer Spiegel, der Signalisierung Ihrer Absichten und der Rückkehr auf die rechte Spur nach Abschluss des Manövers.
- **Situationsbewusstsein:** Bei hohen Geschwindigkeiten ein hohes Maß an Situationsbewusstsein aufrechterhalten, potenzielle Gefahren vorhersehen und schnell auf sich ändernde Verkehrsbedingungen reagieren.

Navigieren im Stadtverkehr

Das Autofahren in der Münchner Innenstadt bringt ganz eigene Herausforderungen mit sich. Sie lernen:

- **Kreuzungen navigieren:** Kreuzungen sicher anfahren und befahren,

Verkehrssignale, Vorfahrtsregeln und Fußgängerüberwege beachten.
- **Umgang mit Kreisverkehren:** Reibungsloses Ein- und Ausfahren in Kreisverkehre, Nachgeben auf den bereits im Kreisverkehr befindlichen Verkehr und Signalisierung Ihrer Absichten.
- **Verkehrsfluss verwalten:** Einen sicheren Abstand einhalten, den Verkehrsfluss antizipieren und auf die Handlungen anderer Verkehrsteilnehmer reagieren.
- **Städtisches Parken:** Finden und Nutzen von Parkplätzen im städtischen Umfeld, einschließlich Parallelparken und Manövrieren auf engstem Raum.

Landstraßenfahren

Das Fahren auf Landstraßen erfordert andere Fähigkeiten als das Fahren in der Stadt oder auf der Autobahn. Sie lernen:

- **Behandeln Sie Kurven und Biegungen:** Kurven und Biegungen sicher befahren,

Geschwindigkeit und Lenkung anpassen, um die Kontrolle zu behalten.

- **Sichtweite beim Überholen:** Schätzen Sie Überholmöglichkeiten sorgfältig ab und achten Sie auf klare Sicht und ausreichend Platz, bevor Sie ein Überholmanöver einleiten.
- **Die Straße teilen:** Teilen Sie die Straße mit Radfahrern, landwirtschaftlichen Fahrzeugen und anderem langsam fließenden Verkehr und lassen Sie dabei Vorsicht und Geduld walten.

Die Kunst der Beobachtung beherrschen

Beobachtung ist ein Grundpfeiler für sicheres Fahren. Ihr Lehrer wird Folgendes hervorheben:

- **Verwendung des Spiegels:** Überprüfen Sie regelmäßig Ihre Rück- und Seitenspiegel, um Ihre Umgebung im Auge zu behalten und mögliche Gefahren vorherzusehen.

- **Schulterkontrollen:** Führen Sie Schulterkontrollen durch, bevor Sie die Spur wechseln, abbiegen oder einfädeln, um sicherzustellen, dass Ihre toten Winkel frei sind.
- **Die Straße vor uns scannen:** Schauen Sie weit in die Zukunft, um den Verkehrsfluss, die Straßenverhältnisse und potenzielle Gefahren vorherzusehen.
- **Beobachten anderer Verkehrsteilnehmer:** Achten Sie auf die Handlungen von Fußgängern, Radfahrern und anderen Autofahrern, um deren Bewegungen vorherzusagen und Konflikte zu vermeiden.

Vertrauen und Kompetenz aufbauen

Bei den praktischen Fahrstunden geht es nicht nur um das Erlernen von Fahrmanövern; Es geht darum, Ihr Selbstvertrauen und Ihre Kompetenz hinter dem Lenkrad zu stärken. Ihr Ausbilder gibt Ihnen Anleitung, Feedback und Ermutigung und hilft Ihnen dabei, die Fähigkeiten und das Urteilsvermögen zu entwickeln, die Sie benötigen, um ein sicherer und verantwortungsbewusster Fahrer in München zu werden. Nehmen Sie den Lernprozess an, stellen Sie Fragen und nehmen Sie aktiv am Unterricht teil, um Ihren Fortschritt zu maximieren.

Kapitel 7: Die praktischen Fahrstunden – Quiz

Anweisungen: Wählen Sie für jede Multiple-Choice-Frage die beste Antwort.

1. Welche davon werden im praktischen Fahrunterricht typischerweise zuerst behandelt? a) Fahren auf der Autobahn mit hoher Geschwindigkeit b) Navigieren an komplexen Kreuzungen in der Stadt c) Grundlegende Fahrzeugsteuerung wie Lenken und Bremsen d) Durchführen von Notfallmanövern

Antwort: c)

2. Was ist ein „Bergstart"? a) Parken an einem steilen Hügel b) Sanftes Anfahren Ihres Fahrzeugs an einer Steigung c) Bergabfahren mit hoher Geschwindigkeit d) Wenden Ihres Fahrzeugs bergauf

Antwort: b)

3. Welchen Fahrstreifen sollten Sie auf der Autobahn generell benutzen, wenn Sie nicht überholen? a) Die Spur ganz links b) Die Spur in der Mitte c) Die Spur ganz rechts d) Jede Spur, die Sie bevorzugen

Antwort: c)

4. Was sollten Sie vor einem Spurwechsel oder Einfädeln tun? a) Schließen Sie die Augen und hoffen Sie auf das Beste. b) Überprüfen Sie nur Ihren Rückspiegel. c) Überprüfen Sie Ihre Spiegel und führen Sie einen Schultertest durch. d) Schalten Sie die Warnblinkanlage ein

Antwort: c)

5. **Was ist eine Dreipunktwende?** a) Fahren im Dreiecksmuster auf der Autobahn b) Ein Manöver zur Richtungsumkehr auf engstem Raum c) Dreimaliges Drehen des Lenkrads d) Eine Art Kreisverkehr

Antwort: b)

6. **Was ist beim Fahren auf Landstraßen zu beachten?** a) Sie können jederzeit überholen. b) Fahren Sie immer mit der Höchstgeschwindigkeit. c) Seien Sie beim Überholen vorsichtig und teilen Sie sich die Straße mit anderen Verkehrsteilnehmern. d) Ignorieren Sie Radfahrer und landwirtschaftliche Fahrzeuge

Antwort: c)

7. Warum ist es wichtig, Ihre toten Winkel zu überprüfen? a) Um die Landschaft zu bewundern. b) Um Kollisionen mit Fahrzeugen, Radfahrern oder Fußgängern zu vermeiden, die Ihrer direkten Sicht entzogen sind. c) Um Ihre Nackenflexibilität zu trainieren. d) Um zu sehen, ob Ihnen jemand folgt

Antwort: b)

8. Was sollten Sie tun, wenn Sie sich einem Kreisverkehr nähern? a) Fahren Sie mit hoher Geschwindigkeit in den Kreisverkehr ein. b) Geben Sie dem bereits im Kreisverkehr befindlichen Verkehr Vorrang. c) Ignorieren Sie alle Verkehrszeichen oder Signale. d) Halten Sie in der Mitte des Kreisverkehrs an

Antwort: b)

9. Was bedeutet die Beherrschung der Beobachtungskunst? a) Schauen Sie während der Fahrt nur geradeaus. b) Verwenden Sie Ihre Spiegel, überprüfen Sie den Seitenstreifen und scannen Sie die Straße vor Ihnen. c) Ablenken Sie sich mit Ihrem Telefon oder Radio. d) Ignorieren Sie andere Verkehrsteilnehmer

Antwort: b)

10. Was ist der allgemeine Zweck des praktischen Fahrunterrichts? a) Um Sie vom Autofahren abzuhalten b) Um Ihnen beizubringen, wie man Stunts ausführt c) Um Ihnen zu helfen, die praktische Prüfung zu bestehen und ein selbstbewusster und verantwortungsbewusster Fahrer zu werden d) Um Sie zu einem professionellen Rennfahrer zu machen

Antwort: c)

Kapitel 8: Besondere Fahrsituationen

Während die Beherrschung grundlegender Fahrfähigkeiten und das Verständnis der Verkehrsregeln von entscheidender Bedeutung sind, ist die Bewältigung besonderer Situationen das, was einen kompetenten Fahrer wirklich auszeichnet. Dieses Kapitel bereitet Sie auf das Unerwartete vor und vermittelt Ihnen das Wissen und die Techniken, um herausfordernde Situationen auf Münchens Straßen souverän und gelassen zu meistern.

Nachtfahrten und eingeschränkte Sicht

Das Fahren bei Nacht oder eingeschränkter Sicht erfordert ein erhöhtes Bewusstsein und angepasste Techniken.

- **Sehanpassung:** Geben Sie Ihren Augen Zeit, sich an die Dunkelheit zu gewöhnen, bevor Sie losfahren. Vermeiden Sie es, direkt in entgegenkommende

Scheinwerfer zu blicken. Konzentrieren Sie sich stattdessen auf den rechten Rand Ihrer Fahrspur.
- **Beleuchtung:** Nutzen Sie Ihre Scheinwerfer effektiv und schalten Sie bei Annäherung an den Gegenverkehr auf Abblendlicht, um andere Autofahrer nicht zu blenden. Benutzen Sie bei nebligem Wetter Nebelscheinwerfer.
- **Geschwindigkeitsanpassung:** Reduzieren Sie Ihre Geschwindigkeit, um die eingeschränkte Sicht und den längeren Bremsweg auszugleichen.
- **Erhöhte Verfolgungsdistanz:** Halten Sie einen größeren Abstand als tagsüber ein, damit Sie mehr Zeit haben, auf unerwartete Situationen zu reagieren.
- **Vorwegnahme:** Seien Sie besonders wachsam gegenüber Fußgängern, Radfahrern und Tieren, die nachts möglicherweise weniger sichtbar sind.

Fahren mit Passagieren und Fracht

Das Fahren mit Passagieren oder das Befördern von Ladung kann das Fahrverhalten Ihres Fahrzeugs verändern und erfordert eine Anpassung Ihres Fahrstils.

- **Passagiersicherheit:** Stellen Sie sicher, dass alle Passagiere Sicherheitsgurte tragen und dass Kinder in geeigneten Kinderrückhaltesystemen ordnungsgemäß gesichert sind.
- **Ablenkungsmanagement:** Minimieren Sie Ablenkungen durch Passagiere, insbesondere durch Kinder. Konzentrieren Sie sich weiterhin auf die Straße und vermeiden Sie komplexe Gespräche oder Aktivitäten, die Ihre Aufmerksamkeit vom Fahren ablenken.
- **Ladungssicherung:** Sichern Sie die Ladung ordnungsgemäß, um zu verhindern, dass sie sich bei plötzlichem Bremsen oder einer Kollision verrutscht oder zu einem Projektil wird. Verteilen Sie

das Gewicht gleichmäßig, um die Stabilität des Fahrzeugs zu gewährleisten.
- **Fahrzeughandhabung:** Beachten Sie, dass zusätzliches Gewicht durch Passagiere oder Ladung den Bremsweg und die Fahreigenschaften Ihres Fahrzeugs beeinträchtigen kann. Passen Sie Ihr Fahrverhalten entsprechend an.

Umgang mit Notfällen und Ausfällen

Trotz aller Bemühungen kann es zu Notfällen oder Ausfällen kommen. Wenn Sie wissen, wie Sie ruhig und effektiv reagieren, können Sie Risiken minimieren und Ihre Sicherheit gewährleisten.

- **Notbremsung:** Wenn Sie plötzlich anhalten müssen, betätigen Sie die Bremsen fest und gleichmäßig und vermeiden Sie ein Blockieren der Räder. Wenn Ihr Fahrzeug über ABS (Antiblockiersystem) verfügt, halten Sie das Bremspedal fest gedrückt.

- **Schleuderkontrolle:** Wenn Ihr Fahrzeug ins Schleudern gerät, lenken Sie in die Schleuderrichtung (d. h. wenn das Heck des Fahrzeugs nach rechts rutscht, lenken Sie nach rechts). Vermeiden Sie Übersteuern oder abruptes Bremsen.
- **Reifenplatzer:** Wenn ein Reifen platzt, halten Sie das Lenkrad fest und reduzieren Sie die Geschwindigkeit schrittweise. Vermeiden Sie plötzliches Bremsen oder scharfe Ausweichmanöver. Fahren Sie so schnell wie möglich an einen sicheren Ort.
- **Aufschlüsselungsverfahren:** Wenn Ihr Fahrzeug eine Panne hat, fahren Sie an einem sicheren Ort an den Straßenrand. Schalten Sie die Warnblinkanlage ein und stellen Sie bei Bedarf ein Warndreieck hinter Ihrem Fahrzeug auf. Wenden Sie sich für Hilfe an Ihren Pannendienst oder Notdienst.

Ungünstige Wetterbedingungen

Das Wetter in München kann unvorhersehbar sein und das Fahren bei Regen, Schnee, Nebel oder starkem Wind erfordert besondere Vorsichtsmaßnahmen.

- **Regen:** Reduzieren Sie Ihre Geschwindigkeit, vergrößern Sie den Abstand und nutzen Sie Ihre Scheinwerfer. Achten Sie auf Aquaplaning und vermeiden Sie Fahrten durch überschwemmte Gebiete.
- **Schnee und Eis:** Verwenden Sie Winterreifen für optimalen Grip und Traktion. Fahren Sie langsam und gleichmäßig und vermeiden Sie plötzliches Beschleunigen oder Bremsen. Erhöhen Sie Ihren Folgeabstand deutlich.
- **Nebel:** Reduzieren Sie Ihre Geschwindigkeit, nutzen Sie die Nebelscheinwerfer und vergrößern Sie den Abstand. Seien Sie auf eingeschränkte Sicht und mögliche Gefahren vorbereitet.
- **Starke Winde:** Achten Sie auf Seitenwind, insbesondere auf Brücken oder freien Straßenabschnitten. Halten Sie das Lenkrad fest und seien Sie darauf

vorbereitet, Anpassungen vorzunehmen, um die Kontrolle über Ihr Fahrzeug zu behalten.

Interaktion mit anderen Verkehrsteilnehmern

Die verantwortungsvolle gemeinsame Nutzung der Straße mit einer Vielzahl von Nutzern ist für die Sicherheit aller von entscheidender Bedeutung.

- **Fußgänger und Radfahrer:** Geben Sie Fußgängern an Zebrastreifen und Kreuzungen Vorrang. Geben Sie Radfahrern beim Überholen ausreichend Platz und achten Sie auf ihre Bewegungen, insbesondere in städtischen Gebieten.
- **Motorradfahrer:** Achten Sie besonders auf Motorradfahrer, da diese weniger sichtbar und anfälliger sind als andere Fahrzeuge. Geben Sie ihnen viel Platz und antizipieren Sie ihre Manöver.

- **Große Fahrzeuge:** Wenn Sie in der Nähe von Lastkraftwagen oder Bussen fahren, achten Sie auf deren toten Winkel und vermeiden Sie es, sie abzuschneiden. Lassen Sie beim Überholen zusätzlichen Platz.
- **Einsatzfahrzeuge:** Gewähren Sie Einsatzfahrzeugen mit Blaulicht und Sirene Vorfahrt. Fahren Sie an den Straßenrand und halten Sie an, damit sie passieren können.

Situationsbewusstsein entwickeln

Situationsbewusstsein ist Ihre Fähigkeit, Ihre Umgebung wahrzunehmen und zu verstehen und potenzielle Gefahren vorherzusehen.

- **Beobachtung:** Scannen Sie kontinuierlich Ihre Umgebung und überprüfen Sie regelmäßig Ihre Spiegel und toten Winkel.
- **Vorwegnahme:** Prognostizieren Sie potenzielle Gefahren, indem Sie Verkehrsmuster, Straßenbedingungen und

die Handlungen anderer Verkehrsteilnehmer beobachten.
- **Planung:** Planen Sie Ihre Route im Voraus und achten Sie auf mögliche Herausforderungen wie Baustellen, enge Straßen oder starken Verkehr.
- **Reaktion:** Seien Sie darauf vorbereitet, schnell und effektiv auf unerwartete Situationen wie plötzliches Bremsen, ausweichende Fahrzeuge oder Fußgänger, die auf die Straße treten, zu reagieren.

Durch die Beherrschung dieser Fähigkeiten und die Entwicklung eines gesteigerten Bewusstseins können Sie besondere Fahrsituationen souverän meistern und für Ihre Sicherheit und die Sicherheit anderer auf Münchens Straßen sorgen. Denken Sie daran, dass es beim verantwortungsvollen Fahren darum geht, auf das Unerwartete vorbereitet zu sein und Ihren Fahrstil an die Herausforderungen anzupassen, denen Sie begegnen.

Kapitel 8: Besondere Fahrsituationen – Quiz

Anweisungen: Wählen Sie für jede Multiple-Choice-Frage die beste Antwort.

1. Was sollten Sie beim Fahren in der Nacht tun? a) Nutzen Sie ständig das Fernlicht, um besser sehen zu können. b) Fahren Sie mit der gleichen Geschwindigkeit wie tagsüber. c) Reduzieren Sie Ihre Geschwindigkeit und vergrößern Sie den Abstand. d) Schalten Sie Ihre Scheinwerfer aus, um andere Fahrer nicht zu blenden

Antwort: c)

2. Wie sollten Sie mit Ablenkungen beim Fahren mit Beifahrern umgehen? a) Nehmen Sie an komplexen Gesprächen und Aktivitäten teil. b) Ignorieren Sie Ihre Passagiere vollständig. c) Minimieren Sie Ablenkungen und konzentrieren Sie sich weiterhin auf die Straße.

d) Lassen Sie Ihre Passagiere das Radio und die Navigation steuern

Antwort: c)

3. Was sollten Sie tun, wenn Ihr Reifen platzt? a) Abrupt bremsen und scharf ausweichen. b) Das Lenkrad fest im Griff behalten und die Geschwindigkeit allmählich reduzieren. c) Beschleunigen, um die Kontrolle wiederzuerlangen. d) Aus dem fahrenden Fahrzeug springen

Antwort: b)

4. Was ist Aquaplaning? a) Eine Art Wassersport. b) Ein Zustand, bei dem Ihre Reifen aufgrund von Wasseransammlungen den Kontakt zur Straße verlieren. c) Eine Technik zum Fahren durch überschwemmte Gebiete. d) Ein spezieller Reifentyp für regnerische Bedingungen

Antwort: b)

5. Was sollten Sie beim Fahren bei Nebel tun? a) Erhöhen Sie Ihre Geschwindigkeit, um schneller durch den Nebel zu kommen. b) Nutzen Sie das Fernlicht, um besser sehen zu können. c) Reduzieren Sie Ihre Geschwindigkeit und schalten Sie die Nebelscheinwerfer ein. d) Fahren Sie dicht hinter dem Fahrzeug vor Ihnen

Antwort: c)

6. Wie sollten Sie als Autofahrer mit Radfahrern umgehen? a) Gehen Sie so nah wie möglich an ihnen vorbei. b) Geben Sie ihnen ausreichend Platz und achten Sie auf ihre Bewegungen. c) Hupen Sie, um sie vor Ihrer Anwesenheit zu warnen. d) Ignorieren Sie sie vollständig

Antwort: b)

7. Was sollten Sie tun, wenn Sie sich einem Einsatzfahrzeug mit Blaulicht und Sirene nähern? a) Beschleunigen Sie, um ihnen aus dem Weg zu gehen. b) Blockieren Sie ihnen den Weg, um Ihre Vorfahrt geltend zu machen. c) Geben Sie ihnen die Vorfahrt und fahren Sie an den Straßenrand. d) Ignorieren Sie sie und fahren Sie wie gewohnt weiter

Antwort: c)

8. Warum ist Situationsbewusstsein beim Fahren wichtig? a) Um zu vermeiden, dass Sie sich verlaufen. b) Um andere Fahrer mit Ihren Fähigkeiten zu beeindrucken. c) Um Ihre Umgebung wahrzunehmen und zu verstehen und mögliche Gefahren vorherzusehen. d) Um Ihre Lieblingsmusik ohne Ablenkung zu hören

Antwort: c)

9. Was sollten Sie tun, wenn Ihr Fahrzeug eine Panne hat? a) Lassen Sie Ihr Fahrzeug mitten auf der Straße stehen. b) Versuchen Sie, das Problem selbst zu beheben, indem Sie den Verkehr blockieren. c) Halten Sie an einem sicheren Ort an, schalten Sie die Warnblinkanlage ein und wenden Sie sich an Ihren Pannendienst. d) Halten Sie andere Fahrer an und fragen Sie nach ein Schlepptau

Antwort: c)

10. Was ist die wichtigste Erkenntnis aus diesem Kapitel zu besonderen Fahrsituationen? a) Es passieren nie besondere Situationen, sodass Sie sich darüber keine Sorgen machen müssen. b) Panik ist die beste Reaktion auf unerwartete Ereignisse. c) Für sicheres Fahren ist es entscheidend, auf das Unerwartete vorbereitet zu sein und Ihren Fahrstil an die Herausforderungen anzupassen, denen Sie begegnen d) Nur erfahrene Fahrer können mit besonderen Situationen umgehen

Antwort: c)

Kapitel 9: Vorbereitung auf die praktische Prüfung

Die praktische Fahrprüfung ist der krönende Abschluss Ihrer Fahrausbildung in München. Es ist der Moment, Ihre Beherrschung der erworbenen Fähigkeiten und Kenntnisse unter Beweis zu stellen und Ihre Fähigkeit unter Beweis zu stellen, reale Fahrsituationen sicher und souverän zu meistern. Dieses Kapitel führt Sie durch die wesentlichen Vorbereitungen und bietet wertvolle Tipps und Strategien, um Ihre Erfolgschancen zu erhöhen.

Das praktische Prüfungsformat verstehen

Die praktische Prüfung bewertet Ihre Fahrkompetenz in verschiedenen Situationen. Ein zertifizierter Prüfer begleitet Sie im Fahrzeug und beurteilt Ihre Leistung in folgenden Punkten:

- **Grundlegende Fahrzeugsteuerung:** Reibungslose Bedienung des Fahrzeugs,

einschließlich Starten, Stoppen, Lenken und Gangwechsel (falls zutreffend).
- **Erforderliche Manöver:** Durchführen spezifischer Manöver, wie z. B. Parken (parallel, senkrecht, im Winkel), Dreipunktdrehungen und Notstopps.
- **Verkehrsinteraktion:** Navigieren an Kreuzungen, Kreisverkehren und Einfädeln in den Verkehr, Demonstration der richtigen Beobachtung, Signalgebung und des Vorfahrtsbewusstseins.
- **Verkehrssicherheit:** Einhaltung von Geschwindigkeitsbegrenzungen, Einhaltung sicherer Abstände und angemessene Vorsicht bei verschiedenen Straßen- und Verkehrsbedingungen.
- **Unabhängiges Fahren:** Befolgen Sie die Anweisungen des Prüfers und navigieren Sie zu bestimmten Zielen, um Ihre Fähigkeit unter Beweis zu stellen, selbstständig zu fahren und sichere Entscheidungen zu treffen.
- **Allgemeines Fahrverhalten:** Nachweis einer sicheren und verantwortungsvollen

Fahrweise, einschließlich Rücksichtnahme auf andere Verkehrsteilnehmer und Einhaltung der Verkehrsregeln.

Scheinfahrtests und Feedback

Eine der effektivsten Möglichkeiten, sich auf die praktische Prüfung vorzubereiten, besteht darin, Fahrversuche mit Ihrem Fahrlehrer zu absolvieren. Diese simulierten Prüfungen reproduzieren die Bedingungen und Herausforderungen der echten Prüfung und ermöglichen Ihnen:

- **Erleben Sie das Prüfungsformat:** Machen Sie sich mit der Struktur und den Erwartungen der Prüfung vertraut, reduzieren Sie Ängste und stärken Sie das Selbstvertrauen.
- **Schwächen identifizieren:** Identifizieren Sie Bereiche, in denen Sie weitere Übungen oder Verbesserungen benötigen, sodass Sie sich auf Ihre Trainingsanstrengungen konzentrieren können.

- **Konstruktives Feedback erhalten:** Erhalten Sie von Ihrem Trainer wertvolles Feedback zu Ihrer Leistung, einschließlich spezifischer Stärkebereiche und Entwicklungsbereiche.
- **Verfeinern Sie Ihre Fähigkeiten:** Üben Sie die erforderlichen Manöver und Fahrszenarien wiederholt, verfeinern Sie Ihre Technik und bauen Sie das Muskelgedächtnis auf.
- **Stärken Sie Ihr Selbstvertrauen:** Gewinnen Sie Vertrauen in Ihre Fähigkeiten und reduzieren Sie die Nervosität am Prüfungstag, indem Sie eine simulierte Prüfungsumgebung erleben.

Die Erwartungen des Prüfers verstehen

Der Prüfer beurteilt Ihre Fahrkompetenz anhand spezifischer Kriterien. Behalten Sie diese zentralen Erwartungen im Hinterkopf:

- **Sicherheit geht vor:** Zeigen Sie ein starkes Engagement für die Sicherheit, einschließlich der Einhaltung von Geschwindigkeitsbegrenzungen, der Einhaltung sicherer Abstände und der Antizipation potenzieller Gefahren.
- **Geschmeidigkeit und Kontrolle:** Führen Sie das Fahrzeug ruhig und sicher und vermeiden Sie ruckartige Bewegungen, plötzliches Beschleunigen oder Bremsen sowie abrupte Gangwechsel.
- **Beobachtung und Bewusstsein:** Demonstrieren Sie hervorragende Beobachtungsfähigkeiten, indem Sie Ihre Spiegel effektiv nutzen, Schulterkontrollen durchführen und die Straße vor Ihnen scannen.
- **Entscheidungsfindung:** Treffen Sie in verschiedenen Verkehrssituationen sichere und verantwortungsvolle Entscheidungen und zeigen Sie dabei ein gutes Urteilsvermögen und die Einhaltung der Verkehrsregeln.

- **Selbstvertrauen und Gelassenheit:** Behalten Sie während der gesamten Prüfung ein ruhiges und sicheres Auftreten bei, auch in herausfordernden Situationen.

Prüfungsangst überwinden

Es ist ganz natürlich, vor der praktischen Prüfung nervös zu sein. Hier sind einige Tipps zum Umgang mit Prüfungsangst:

- **Vorbereitung:** Eine gründliche Vorbereitung ist das beste Gegenmittel gegen Angstzustände. Üben Sie fleißig, machen Sie Probetests und besprechen Sie alle Problembereiche mit Ihrem Lehrer.
- **Visualisierung:** Stellen Sie sich vor, dass Sie die Prüfung erfolgreich abschließen und sich auf positive Ergebnisse und sicheres Fahren konzentrieren.
- **Entspannungstechniken:** Üben Sie Entspannungstechniken wie tiefes Atmen oder Meditation, um Ihre Nerven vor und während der Prüfung zu beruhigen.

- **Positives Selbstgespräch:** Ersetzen Sie negative Gedanken durch positive Affirmationen und erinnern Sie sich an Ihre Fähigkeiten und Vorbereitung.
- **Konzentrieren Sie sich auf die Aufgabe:** Konzentrieren Sie sich während der Prüfung auf die jeweilige Fahraufgabe, anstatt sich mit möglichen Ergebnissen oder Fehlern zu beschäftigen.

Der Tag der Prüfung: Was Sie erwartet

- **Kommen Sie vorbereitet an:** Bringen Sie Ihren Lernerlaubnis, Ausweisdokumente und alle anderen erforderlichen Unterlagen mit.
- **Fahrzeugcheck:** Stellen Sie sicher, dass das Fahrzeug, das Sie für die Prüfung verwenden, in gutem Zustand ist und alle Lichter, Signale und Sicherheitsfunktionen ordnungsgemäß funktionieren.

- **Hören Sie aufmerksam zu:** Beachten Sie die Anweisungen des Prüfers genau und bitten Sie bei Bedarf um Klarstellung.
- **Bleiben Sie ruhig und konzentriert:** Behalten Sie während der Prüfung ein ruhiges und gelassenes Auftreten bei, auch wenn Sie auf unerwartete Herausforderungen stoßen.
- **Aus Fehlern lernen:** Wenn Sie einen Fehler machen, denken Sie nicht darüber nach. Erkennen Sie es an, lernen Sie daraus und fahren Sie fort, wobei Sie sich auf den Rest der Prüfung konzentrieren.

Nach der Prüfung:

- **Nachbesprechung mit Ihrem Kursleiter:** Unabhängig vom Ergebnis besprechen Sie Ihre Leistung mit Ihrem Ausbilder, um Stärken und Verbesserungsmöglichkeiten zu ermitteln.
- **Feiern Sie den Erfolg:** Wenn Sie bestanden haben, feiern Sie Ihren Erfolg und genießen Sie die Freiheit und

Mobilität, die Ihr neuer Führerschein mit sich bringt!

- **Lernen Sie aus der Erfahrung:** Wenn Sie nicht bestehen, lassen Sie sich nicht entmutigen. Nutzen Sie das Feedback des Prüfers und Ihres Dozenten, um Verbesserungsmöglichkeiten zu identifizieren und Ihre Prüfung zu verschieben.

Wenn Sie diese Tipps befolgen und die praktische Prüfung mit einer Kombination aus Vorbereitung, Selbstvertrauen und einer positiven Einstellung angehen, erhöhen Sie Ihre Erfolgschancen und beginnen Ihre Fahrreise in München mit einem Gefühl der Leistung und Verantwortung.

Kapitel 9: Vorbereitung auf die praktische Prüfung – Quiz

Anweisungen: Wählen Sie für jede Multiple-Choice-Frage die beste Antwort.

1. Was ist der Hauptzweck der praktischen Fahrprüfung? a) Um Sie dazu zu verleiten,

Fehler zu machen. b) Um Ihre Fähigkeit zu beurteilen, in realen Situationen sicher und souverän zu fahren. c) Um Ihr Wissen über Automechanik zu testen. d) Um zu sehen, wie schnell Sie fahren können

Antwort: b)

2. Warum sind Scheinfahrprüfungen hilfreich? a) Sie garantieren, dass Sie die echte Prüfung bestehen. b) Sie ermöglichen es Ihnen, das Prüfungsformat zu erleben und Feedback zu erhalten. c) Sie sind Zeit- und Geldverschwendung. d) Sie sind nur für nervöse Fahrer gedacht

Antwort: b)

3. Was erwartet der Prüfer bei der praktischen Prüfung NICHT? a) Eine sichere und verantwortungsvolle Fahrweise zeigen b) Aggressiv fahren, um Ihr Können unter Beweis zu stellen c) Sichere und verantwortungsvolle Entscheidungen im Straßenverkehr treffen d) Ein ruhiges und selbstbewusstes Auftreten bewahren

Antwort: b)

4. Was sollten Sie tun, wenn Ihnen während der Prüfung ein Fehler unterläuft? a) Versetzen Sie sich in Panik und halten Sie das Auto sofort an. b) Diskutieren Sie mit dem Prüfer über den Fehler. c) Erkennen Sie den Fehler an, lernen Sie daraus und fahren Sie weiter. d) Steigen Sie aus dem Auto und gehen Sie weg

Antwort: c)

5. Welche der folgenden Methoden eignet sich gut zur Bewältigung von Prüfungsangst? a) Bleiben Sie die ganze Nacht wach und machen Sie sich Gedanken über die Prüfung. b) Kommen Sie zu spät zur Prüfung, um den Druck zu erhöhen. c) Üben Sie Entspannungstechniken und visualisieren Sie den Erfolg. d) Kritisieren Sie sich selbst für jeden kleinen Fehler

Antwort: c)

6. Was sollten Sie am Tag der Prüfung tun? a) Vergessen Sie Ihre Lernerlaubnis zu Hause. b) Kommen Sie unvorbereitet an und hoffen Sie auf das Beste. c) Bringen Sie alle erforderlichen Dokumente mit und stellen Sie sicher, dass das Fahrzeug in einwandfreiem Zustand ist. d) Sagen Sie dem Prüfer, dass Sie sehr nervös sind

Antwort: c)

7. Warum ist es wichtig, den Anweisungen des Prüfers aufmerksam zuzuhören? a) Um eine Fehlinterpretation von Anweisungen und Fehler zu vermeiden. b) Um die Autorität des Prüfers in Frage zu stellen. c) Um mit Ihren Kenntnissen der Verkehrsregeln anzugeben. d) Um den Prüfer von Ihrem Fahrverhalten abzulenken

Antwort: a)

8. Was sollten Sie nach der Prüfung tun, unabhängig vom Ergebnis? a) Denken Sie nie wieder an die Prüfung. b) Beschweren Sie sich über den Prüfer, wenn Sie durchfallen. c) Besprechen Sie die Prüfung mit Ihrem Ausbilder, um Stärken und Verbesserungsmöglichkeiten zu ermitteln. d) Geben Sie es auf, Ihren Führerschein zu machen

Antwort: c)

9. Was bedeutet es, während der Prüfung „Gelassenheit und Kontrolle" zu demonstrieren? a) Unregelmäßiges Fahren und plötzliche Bewegungen. b) Ruhiges Führen des Fahrzeugs und Vermeiden ruckartiger Bewegungen. c) Ignorieren von

Geschwindigkeitsbegrenzungen und Verkehrssignalen. d) Aufdrängen anderer Fahrzeuge

Antwort: b)

10. Was ist das ultimative Ziel der Vorbereitung auf die praktische Prüfung? a) Um den Prüfer mit Ihren Fahrkünsten zu beeindrucken. b) Um die Prüfung zu bestehen und ein sicherer und verantwortungsbewusster Fahrer zu werden. c) Um Ihren Führerschein so schnell wie möglich zu erhalten. d) Um Ihre Kenntnisse der Verkehrsregeln unter Beweis zu stellen

Antwort: b)

Teil 4: Nach dem Test

Kapitel 10: Erwerb Ihres Führerscheins

Glückwunsch! Sie haben die theoretische Prüfung bestanden, die praktischen Fahrkenntnisse gemeistert und die praktische Prüfung erfolgreich bestanden. Jetzt ist der begehrte Preis zum Greifen nah: Ihr Münchner Führerschein. Dieses Kapitel führt Sie durch die letzten Schritte, um Ihren Führerschein offiziell zu erhalten, die Probezeit zu verstehen und sich die Pflichten und Privilegien des Fahrens in Deutschland anzueignen.

Verfahren und Papierkram nach der Prüfung

Sobald Sie die praktische Fahrprüfung bestanden haben, müssen Sie einige wesentliche Verfahren und Formalitäten erfüllen:

- **Bestätigung des Prüfers:** Der Prüfer stellt Ihnen eine Bescheinigung über die erfolgreiche Absolvierung der praktischen

Prüfung aus. Dieses Dokument ist entscheidend für die nächsten Schritte.
- **Application at the Führerscheinstelle:** Besuchen Sie Ihre örtliche Führerscheinstelle, um Ihren Führerschein offiziell zu beantragen. Bringen Sie folgende Unterlagen mit:
    - **Gültiger Ausweis:** Reisepass oder Personalausweis
    - **Wohnsitznachweis:** Aufenthaltserlaubnis (falls zutreffend)
    - **Prüferzeugnis:** Bestätigung über die bestandene praktische Prüfung
    - **Passfoto:** Ein aktuelles biometrisches Passfoto
    - **Zertifikat für den Erste-Hilfe-Kurs:** Nachweis über die Absolvierung eines zertifizierten Erste-Hilfe-Kurses
    - **Bescheinigung über die Augenuntersuchung:** Nachweis einer bestandenen Augenuntersuchung

- **Gebührenzahlung:** Zahlen Sie die erforderliche Gebühr für die Ausstellung des Führerscheins. Die Gebühr kann je nach Führerscheinklasse und individuellen Umständen variieren.
- **Lizenzerteilung:** Sobald Ihr Antrag bearbeitet wurde, erhalten Sie Ihren brandneuen deutschen Führerschein. Dies dauert in der Regel einige Wochen und während der Wartezeit kann es sein, dass Ihnen eine vorläufige Fahrerlaubnis ausgestellt wird.

The Probationary Period (Probezeit)

Neue Fahrer absolvieren in Deutschland eine Probezeit von zwei Jahren. In dieser Zeit gelten strengere Regeln und etwaige Verkehrsverstöße haben schwerwiegendere Konsequenzen.

- **Erweiterte Beobachtung:** Sie werden von den Behörden genauer beobachtet und etwaige Verkehrsverstöße werden strenger erfasst und bewertet.

- **Verkehrsverstöße und Strafen:** Das Begehen schwerer Verkehrsdelikte während der Probezeit kann zu einer Verlängerung der Bewährung, der Pflicht zur Teilnahme an Fahrtrainings für Fortgeschrittene oder sogar zum Entzug der Fahrerlaubnis führen.
- **Nulltoleranz gegenüber Alkohol:** Der Blutalkoholgrenzwert (BAC) für Fahranfänger während der Probezeit beträgt 0,0 %. Jeglicher Alkoholkonsum vor der Fahrt ist strengstens untersagt.
- **Begleitetes Fahren:** In manchen Fällen ist es Ihnen unter bestimmten Voraussetzungen gestattet, während der Probezeit mit einem erfahrenen Begleitfahrer zu fahren.

Umtausch eines ausländischen Führerscheins

Wenn Sie im Besitz eines gültigen Führerscheins aus einem anderen Land sind, können Sie diesen möglicherweise in einen deutschen Führerschein umtauschen. Der Prozess und die Anforderungen variieren je nach Herkunftsland und der Art der Lizenz, die Sie besitzen.

- **EU/EWR-Lizenzen:** Führerscheine aus EU-/EWR-Staaten werden in Deutschland grundsätzlich anerkannt und können oft direkt ohne Wiederholung von Prüfungen umgetauscht werden.
- **Nicht-EU/EWR-Lizenzen:** Führerscheine aus Ländern außerhalb der EU/des EWR können zusätzliche Schritte erfordern, wie z. B. eine Übersetzung, Beglaubigung oder sogar die Ablegung der deutschen Führerscheinprüfung (Theorie und/oder Praxis).
- **Contact the Führerscheinstelle:** Für detaillierte Informationen zum Umtausch Ihres ausländischen Führerscheins wenden Sie sich an Ihre örtliche Führerscheinbehörde und erkundigen Sie sich nach den spezifischen Anforderungen für Ihre Situation.

Verantwortlichkeiten und Privilegien des Fahrens

Der Erwerb des Führerscheins gibt Ihnen die Freiheit und Mobilität, München und die Umgebung zu erkunden, bringt aber auch große Verantwortung mit sich.

- **Verkehrssicherheit:** Geben Sie der Sicherheit stets Vorrang. Halten Sie sich an die Verkehrsregeln, fahren Sie defensiv und nehmen Sie Rücksicht auf andere Verkehrsteilnehmer.
- **Fahrzeugwartung:** Stellen Sie sicher, dass Ihr Fahrzeug gut gewartet und verkehrssicher ist. Überprüfen Sie regelmäßig Reifen, Bremsen, Lichter und Flüssigkeitsstand.
- **Versicherung und Anmeldung:** Halten Sie eine gültige Kfz-Versicherung und Zulassung aufrecht. Führen Sie Ihren Führerschein und die Fahrzeugpapiere bei jeder Fahrt mit sich.
- **Umweltbewusstsein:** Achten Sie auf die Umwelt. Üben Sie umweltschonende Fahrtechniken, um den

Kraftstoffverbrauch und die Emissionen zu reduzieren.

- **Kontinuierliches Lernen:** Autofahren ist ein lebenslanger Lernprozess. Bleiben Sie über Verkehrsregeln, neue Technologien und fortschrittliche Fahrtechniken auf dem Laufenden.

Willkommen auf der offenen Straße

Mit Ihrem deutschen Führerschein in der Hand sind Sie bereit, die Freiheit und den Komfort des Autofahrens in München und darüber hinaus zu erleben. Erkunden Sie die lebhaften Straßen der Stadt, unternehmen Sie malerische Roadtrips durch Bayern oder navigieren Sie über die legendäre Autobahn. Denken Sie daran, Sicherheit, Verantwortung und Respekt gegenüber allen Verkehrsteilnehmern stets an die erste Stelle zu setzen. Genießen Sie die Reise!

Kapitel 10: Erwerb Ihres Führerscheins – Quiz

Anweisungen: Wählen Sie für jede Multiple-Choice-Frage die beste Antwort.

1. Was erhalten Sie als Erstes nach bestandener praktischer Fahrprüfung? a) Ein brandneues Auto b) Eine Bescheinigung des Prüfers über den Erfolg c) Ein befristeter Führerschein mit einer Gültigkeit von einem Jahr d) Ein Schlüssel für die Stadt München

Antwort: b)

2. Wo beantragen Sie offiziell Ihren Führerschein nach bestandener Prüfung? a) Bei der Fahrschule b) Bei der Polizei c) Bei der Führerscheinstelle d) Online über eine staatliche Website

Antwort: c)

3. Welches Dokument ist bei der Beantragung Ihres Führerscheins normalerweise NICHT erforderlich? a) Wohnsitznachweis b) Ihre Geburtsurkunde c) Prüferbescheinigung d) Erste-Hilfe-Kursbescheinigung

Antwort: b)

4. **Wie lange ist die Probezeit für neue Fahrer in Deutschland?** a) 6 Monate b) 1 Jahr c) 2 Jahre d) 5 Jahre

Antwort: c)

5. **Wie hoch ist der Blutalkoholgrenzwert für Fahranfänger während der Probezeit?** a) 0,0 % b) 0,3 % c) 0,5 % d) 0,8 %

Antwort: a)

6. **Was kann beim Umtausch eines Nicht-EU/EWR-Führerscheins gegen einen deutschen erforderlich sein?** a) Immer die komplette deutsche Führerscheinprüfung wiederholen b) Vorlage eines Empfehlungsschreibens Ihres bisherigen Fahrlehrers c) Übersetzung und Beglaubigung

des ausländischen Führerscheins und ggf. Ablegen der deutschen Führerscheinprüfung d) Für Nicht-EU-/EWR-Länder gelten keine besonderen Anforderungen Lizenzen

Antwort: c)

7. Welche der folgenden Pflichten fallen beim Autofahren in Deutschland an? a) Fahren ohne Versicherung b) Missachtung der Verkehrsregeln c) Aufrechterhaltung einer gültigen Kfz-Versicherung und Zulassung d) Überprüfen Sie niemals den Zustand Ihres Fahrzeugs

Antwort: c)

8. Was ist umweltfreundliches Fahren? a) Nur Elektro- oder Hybridfahrzeuge fahren. b) Fahrtechniken, die den Kraftstoffverbrauch senken und die Umweltbelastung verringern. c) Nur fahren, wenn es absolut notwendig ist. d)

Geschwindigkeitsbegrenzungen ignorieren, um Zeit zu sparen

Antwort: b)

9. Warum ist kontinuierliches Lernen auch nach dem Erwerb des Führerscheins wichtig?
a) Um Ihren Freunden Ihr Fahrwissen zu zeigen
b) Um über Verkehrsregeln und neue Fahrtechnologien auf dem Laufenden zu bleiben
c) Um Langeweile beim Fahren zu vermeiden
d) Um ein professioneller Fahrlehrer zu werden

Antwort: b)

10. Worauf wird in diesem Kapitel beim Erwerb Ihres Führerscheins Wert gelegt?
a) Es ist das Ende Ihrer Autoreise.
b) Sie bringen Freiheit und Mobilität mit sich, aber auch große Verantwortung.
c) Sie müssen sich keine Gedanken mehr über die Verkehrsregeln

machen. d) Sie können jetzt fahren, wie Sie möchten

Antwort: b)

Kapitel 11: Autofahren in München

Glückwunsch! Sie haben Ihren Führerschein erworben und sind nun offiziell startklar für die Straßen Münchens. Dieses Kapitel dient als Leitfaden für die Navigation durch die einzigartige Fahrumgebung dieser pulsierenden Stadt und deckt alles von der Fahrzeugzulassung und -versicherung bis hin zum Verständnis von Parkvorschriften, Umweltzonen und alternativen Transportmöglichkeiten ab.

Fahrzeugzulassung und Versicherung

Bevor Sie in München legal Auto fahren dürfen, müssen Sie Ihr Fahrzeug anmelden und den notwendigen Versicherungsschutz abschließen.

- **Vehicle Registration (Zulassung):** Besuchen Sie Ihre örtliche Zulassungsstelle, um Ihr Fahrzeug anzumelden. Sie müssen Folgendes bereitstellen:

- **Eigentumsnachweis:** Fahrzeugtitel oder Kaufvertrag
- **Versicherungsnachweis:** Gültige Kfz-Haftpflichtversicherung (siehe unten)
- **Fahrzeugidentifikationsnummer (VIN):** Diese finden Sie am Fahrzeug selbst oder in den Zulassungspapieren.
- **Abgasprüfbericht (AU):** Bestätigung, dass Ihr Fahrzeug die Abgasnormen erfüllt.
- **Hauptuntersuchungsbericht (HU):** Bestätigung, dass Ihr Fahrzeug fahrtüchtig ist (erforderlich für Fahrzeuge, die älter als 3 Jahre sind).

- **Vehicle Liability Insurance (Kfz-Haftpflichtversicherung):** Diese ist in Deutschland Pflicht und deckt Schäden ab, die Sie anderen bei einem Unfall zufügen. Sie müssen diese Versicherung abschließen, bevor Sie Ihr Fahrzeug anmelden.

- **Optionale Versicherung:** Erwägen Sie zusätzliche Absicherungen wie eine Teilkaskoversicherung, die Schäden am eigenen Fahrzeug in bestimmten Situationen (z. B. Diebstahl, Feuer, Naturereignisse) abdeckt, oder eine Vollkaskoversicherung, die einen umfassenderen Schutz bietet.

Environmental Zones (Umweltzonen)

Zur Verbesserung der Luftqualität hat München Umweltzonen ausgewiesen. Um in diesen Zonen fahren zu können, muss Ihr Fahrzeug bestimmte Abgasnormen erfüllen und über eine gültige Feinstaubplakette verfügen.

- **Emissionsplaketten:** Es gibt drei Arten von Aufklebern: grün, gelb und rot, die auf unterschiedliche Emissionswerte hinweisen. Eine Plakette erhalten Sie bei Kfz-Prüfstellen (TÜV, DEKRA) oder online.
- **Zonenbeschränkungen:** Fahrzeugen ohne gültige Plakette oder mit roter

Plakette ist die Einfahrt in Umweltzonen grundsätzlich untersagt. Verstöße können Bußgelder zur Folge haben.
- **Zonenstandorte prüfen:** Umweltzonen sind deutlich durch Schilder gekennzeichnet. Informationen zu Zonenstandorten finden Sie auch online oder über Navigations-Apps.

Parken in München

Die Parkplatzsuche in München, insbesondere in der Innenstadt, kann schwierig und teuer sein. Machen Sie sich mit den Parkvorschriften vertraut, um Bußgelder und Frustrationen zu vermeiden.

- **Parkzonen:** Verschiedene Parkzonen haben unterschiedliche Zeitlimits und Gebühren. Achten Sie auf die Schilder und Markierungen, um sicherzustellen, dass Sie legal parken.
- **Parkuhren und Parkscheine:** Für viele Parkplätze ist die Bezahlung an einer Parkuhr oder durch den Kauf eines

Parkscheins erforderlich. Zeigen Sie das Ticket deutlich auf Ihrem Dashboard an.
- **Anwohnerparkausweise:** Wenn Sie in einer Anwohnerparkzone wohnen, können Sie eine Genehmigung beantragen, die Ihnen das Parken auf ausgewiesenen Flächen erlaubt.
- **Park-and-Ride (P+R)-Einrichtungen:** Erwägen Sie die Nutzung von P+R-Einrichtungen am Stadtrand. Parken Sie Ihr Auto und fahren Sie mit den öffentlichen Verkehrsmitteln in die Innenstadt.
- **Private Parkhäuser:** Zahlreiche private Parkhäuser bieten bequeme, aber oft auch teurere Parkmöglichkeiten.

Öffentliche Verkehrsmittel

München verfügt über ein ausgezeichnetes öffentliches Verkehrssystem, darunter U-Bahn, S-Bahn, Straßenbahn und Busse. Erwägen Sie die Nutzung öffentlicher Verkehrsmittel für Ihren täglichen Weg zur Arbeit oder auf Reisen in die Innenstadt, um Staus und Parkprobleme zu vermeiden.

- **MVV-Netzwerk:** Der Münchner Verkehrs- und Tarifverbund (MVV) ist der öffentliche Verkehrsverbund in München. Tickets können Sie an Automaten, online oder über die MVV-App kaufen.
- **Integriertes System:** Das MVV-System ist gut integriert und ermöglicht einen nahtlosen Umstieg zwischen verschiedenen Verkehrsträgern.
- **Umfangreiche Abdeckung:** Das Netzwerk deckt die gesamte Stadt und die umliegenden Gebiete ab und bietet bequemen Zugang zu den meisten Zielen.

Radfahren in München

München ist eine fahrradfreundliche Stadt mit einem ausgedehnten Netz an Radwegen und Radwegen. Radfahren ist eine gesunde, umweltfreundliche und oft schnellere Alternative zum Autofahren, insbesondere auf kürzeren Strecken.

- **Radwege und Radwege:** Benutzen Sie nach Möglichkeit ausgewiesene Radwege und -spuren. Beachten Sie die Verkehrsregeln für Radfahrer.
- **Bike-Sharing:** In München gibt es mehrere Bike-Sharing-Anbieter, die einen bequemen und günstigen Zugang zu Fahrrädern ermöglichen.
- **Sicherheit geht vor:** Tragen Sie beim Radfahren in der Nacht oder bei schlechten Sichtverhältnissen einen Helm und verwenden Sie Licht. Achten Sie auf Ihre Umgebung und teilen Sie die Straße verantwortungsbewusst mit anderen Benutzern.

Verkehrssicherheit in München

Auch wenn München eine gute Verkehrssicherheitsbilanz vorzuweisen hat, ist es wichtig, wachsam zu bleiben und der Sicherheit jederzeit Priorität einzuräumen.

- **Fußgängerbewusstsein:** Seien Sie besonders aufmerksam gegenüber

Fußgängern, insbesondere an Zebrastreifen und Kreuzungen.
- **Bewusstsein für Radfahrer:** Geben Sie Radfahrern ausreichend Platz und achten Sie auf ihre Bewegungen, insbesondere in städtischen Gebieten.
- **Geschwindigkeitsbegrenzungen:** Halten Sie sich an Geschwindigkeitsbegrenzungen, insbesondere in Wohngebieten und in der Nähe von Schulen.
- **Abgelenktes Fahren:** Vermeiden Sie Ablenkungen wie Handynutzung, Essen oder Einstellen des Radios während der Fahrt.
- **Defensives Fahren:** Üben Sie defensive Fahrtechniken, antizipieren Sie potenzielle Gefahren und reagieren Sie entsprechend.

Genießen Sie das Fahrerlebnis München

Autofahren in München bietet eine einzigartige Mischung aus Stadt- und Vorstadterlebnissen. Von der Navigation durch das historische Stadtzentrum bis zur Fahrt auf der Autobahn werden Sie auf eine Vielzahl fahrerischer Herausforderungen und Belohnungen stoßen. Indem Sie die Verkehrsregeln kennen, andere Verkehrsteilnehmer respektieren und der Sicherheit Priorität einräumen, können Sie die Freiheit und Mobilität genießen, die das Autofahren in München bietet.

Kapitel 11: Autofahren in München – Quiz

Anweisungen: Wählen Sie für jede Multiple-Choice-Frage die beste Antwort.

1. What is Kfz-Haftpflichtversicherung? a) Optionale Kfz-Versicherung für zusätzlichen Schutz b) Obligatorische Kfz-Haftpflichtversicherung in Deutschland c) Eine Art Führerschein für Nutzfahrzeuge d) Eine Erlaubnis zum Fahren in Umweltzonen

Antwort: b)

2. Welchen Zweck haben die Umweltzonen in München? a) Den Tourismus fördern, b) Die Luftqualität verbessern, c) Die Verkehrsbelastung erhöhen, d) Exklusivzonen für Luxusautos schaffen

Antwort: b)

3. Was ist zum Fahren innerhalb einer Umweltzone erforderlich? a) Einen Sonderführerschein, b) Eine gültige Feinstaubplakette an Ihrem Fahrzeug, c) Einen Bewohnerparkausweis, d) Ein Hochleistungsauto

Antwort: b)

4. Wo erhalten Sie eine Umweltplakette für Ihr Fahrzeug? a) Im Supermarkt b) Bei Kfz-Prüfstellen (TÜV, DEKRA) c) Bei der Post d) Bei Ihrer Fahrschule

Antwort: b)

5. Was ist eine Park-and-Ride (P+R)-Anlage? a) Ein Ort, an dem Sie Ihr Auto parken und Achterbahn fahren können. b) Ein Parkhaus im Stadtzentrum. c) Eine Einrichtung am Stadtrand, wo Sie parken und öffentliche Verkehrsmittel nutzen können. d) Eine Autowerkstatt

Antwort: c)

6. Was ist der MVV? a) Eine Art deutsches Auto b) Das öffentliche Verkehrsnetz in München c) Eine beliebte Restaurantkette in München d) Ein Carsharing-Dienst

Antwort: b)

7. Warum ist Radfahren in München eine gute Alternative zum Autofahren? a) Es ist gesund, umweltfreundlich und auf kurzen

Strecken oft schneller. b) Für Radfahrer gibt es keine Verkehrsregeln. c) Zum Radfahren braucht man keinen Führerschein. d) Alle Straßen in München sind für den Autoverkehr gesperrt

Antwort: a)

8. Was sollten Sie tun, wenn Sie in der Nähe großer Fahrzeuge wie Lastkraftwagen oder Busse fahren? a) Schneiden Sie sie ab, um Zeit zu sparen. b) Achten Sie auf ihre toten Winkel und vermeiden Sie es, sie abzuschneiden. c) Fahren Sie dicht auf sie zu. d) Ignorieren Sie sie vollständig

Antwort: b)

9. Was ist ein wichtiger Verkehrssicherheitstipp für das Autofahren in München? a) Benutzen Sie Ihr Mobiltelefon während der Fahrt. b) Seien Sie besonders aufmerksam gegenüber Fußgängern und

Radfahrern. c) Ignorieren Sie Geschwindigkeitsbegrenzungen in Wohngebieten. d) Fahren Sie aggressiv, um Ihre Vorfahrt durchzusetzen

Antwort: b)

10. Worauf wird in diesem Kapitel beim Autofahren in München Wert gelegt? a) Im Stadtzentrum ist es immer leicht, einen Parkplatz zu finden. b) Sie müssen sich keine Sorgen um Umweltzonen machen. c) Öffentliche Verkehrsmittel sind unbequem und unzuverlässig. d) Das Verständnis der Regeln, der Respekt vor anderen und die Priorisierung der Sicherheit sind der Schlüssel zu einem guten Fahrstil Erfahrung

Antwort: d)

Kapitel 12: Ressourcen und weitere Informationen

Herzlichen Glückwunsch zum Erreichen des letzten Kapitels des Münchner Führerscheinhandbuchs! Sie verfügen nun über die notwendigen Kenntnisse und Fähigkeiten, um sich souverän und verantwortungsbewusst auf den Straßen Münchens zurechtzufinden. Dieses Kapitel enthält eine Sammlung wertvoller Ressourcen und weiterer Informationen zur Unterstützung Ihrer weiteren Fahrreise und stellt sicher, dass Sie informiert, sicher und mit der Fahrgemeinschaft verbunden bleiben.

Nützliche Websites und Apps

Das digitale Zeitalter bietet eine Fülle an Informationen und Tools, die Ihnen zur Verfügung stehen. Hier sind einige wertvolle Online-Ressourcen:

- **Offizielle Websites:**
    - **Bundesministerium für Verkehr und digitale Infrastruktur**

(BMVI): - Bleiben Sie über die neuesten Verkehrsgesetze, -vorschriften und Sicherheitsinitiativen auf dem Laufenden.
- Stadt München: - Informieren Sie sich über Parkordnung, Umweltzonen und öffentliche Verkehrsmittel in München.
- Driver's License Office (Führerscheinstelle): - Zugriff auf Informationen zu Führerscheinanträgen, -verlängerungen und anderen Diensten.

- **Navigations- und Verkehrs-Apps:**
  - **Google Maps:** Echtzeit-Verkehrsinformationen, Navigation und Street View-Bilder.
  - **Auf geht's:** Offline-Karten, Informationen zu öffentlichen Verkehrsmitteln und sprachgeführte Navigation.

- o **INRIX:** Informationen zum Verkehrsfluss, Unfallberichte und alternative Routenvorschläge.
- **Fahr- und Verkehrssicherheits-Apps:**
  - o **ADAC:** (Deutscher Automobilclub) - Pannenhilfe, Verkehrsinformationen und Fahrtipps.
  - o **Cleverer Gedanke:** Finden Sie die günstigsten Tankstellen in Ihrer Nähe.
  - o **Nauto:** KI-gestützte Fahrersicherheits-App, die Echtzeit-Feedback und Warnungen liefert, um Unfälle zu verhindern.

Fahrvereine und -organisationen

Der Beitritt zu einem Fahrclub oder einer Fahrorganisation kann zahlreiche Vorteile mit sich bringen, darunter:

- **ADAC (Allgemeiner Deutscher Automobil-Club):** Deutschlands größter Automobilclub mit Pannenhilfe,

Versicherung, Reiseinformationen und Fahrertraining.
- **AvD (Automobilclub von Deutschland):** Ein weiterer großer Automobilclub in Deutschland, der ähnliche Dienstleistungen wie der ADAC anbietet.
- **Örtliche Fahrschulen:** Viele Fahrschulen bieten Fahrkurse für Fortgeschrittene, Auffrischungskurse und spezielle Schulungsprogramme an, um Ihre Fähigkeiten und Kenntnisse zu verbessern.

Tipps für weiteres Lernen

Autofahren ist ein lebenslanger Lernprozess. Bleiben Sie informiert und entwickeln Sie Ihre Fähigkeiten und Kenntnisse weiter, um Ihre Sicherheit und die Sicherheit anderer im Straßenverkehr zu gewährleisten.

- **Bleiben Sie über Verkehrsregeln auf dem Laufenden:** Informieren Sie sich regelmäßig über die Straßenverkehrsordnung (StVO) und

achten Sie auf etwaige Änderungen oder Aktualisierungen.
- **Auffrischungskurse:** Nehmen Sie in regelmäßigen Abständen an Auffrischungskursen zum Fahren teil, insbesondere wenn Sie längere Zeit nicht gefahren sind oder bestimmte Fähigkeiten verbessern möchten.
- **Fortgeschrittene Fahrkurse:** Entdecken Sie Fahrkurse für Fortgeschrittene, die sich auf defensive Fahrtechniken, Hochgeschwindigkeitsfahrten oder den Umgang mit schwierigen Bedingungen konzentrieren.
- **Lernen Sie aus Erfahrung:** Denken Sie über Ihre Fahrerfahrungen nach, identifizieren Sie Verbesserungsmöglichkeiten und versuchen Sie aktiv, Ihre Fähigkeiten und Kenntnisse zu verbessern.

Bleiben Sie über Verkehrsregeln auf dem Laufenden

Verkehrsgesetze und -vorschriften können sich im Laufe der Zeit ändern. Bleiben Sie informiert durch:

- **Überprüfen offizieller Websites:** Aktuelle Informationen finden Sie auf den Webseiten des BMVI, der Landeshauptstadt München und Ihrer örtlichen Führerscheinstelle.
- **Newsletter abonnieren:** Melden Sie sich für den Newsletter von Fahrvereinen oder -organisationen an, um regelmäßig über Verkehrsregeln und Sicherheitsinformationen informiert zu werden.
- **Folgende Verkehrsmeldungen:** Achten Sie auf Verkehrsmeldungen im Radio, Fernsehen oder online, um über Straßensperrungen, Baustellen und andere verkehrsbedingte Ereignisse informiert zu bleiben.

Autofahren in Deutschland: Eine kulturelle Perspektive

Das Verständnis der Fahrkultur in Deutschland kann Ihr Fahrerlebnis verbessern und einen reibungsloseren Umgang mit anderen Verkehrsteilnehmern fördern.

- **Effizienz und Pünktlichkeit:** Deutsche Autofahrer legen Wert auf Effizienz und Pünktlichkeit. Seien Sie auf eine rasante Fahrumgebung vorbereitet, insbesondere auf der Autobahn.
- **Spurdisziplin:** Halten Sie strikte Spurdisziplin ein und nutzen Sie die linke Spur nur zum Überholen.
- **Vorfahrt:** Beachten Sie die Vorfahrtsregeln und seien Sie bereit, Fußgängern und Radfahrern Vorfahrt zu gewähren.
- **Höflichkeit und Rücksichtnahme:** Zeigen Sie auch in stressigen Situationen Höflichkeit und Rücksichtnahme gegenüber anderen Verkehrsteilnehmern.

Nehmen Sie die Reise an

Autofahren in München und Deutschland bietet eine einzigartige Gelegenheit, dieses wunderschöne Land zu erkunden, seine reiche Kultur zu erleben und die Freiheit und Mobilität zu genießen, die das Autofahren mit sich bringt. Indem Sie diese Ressourcen nutzen, informiert bleiben und Sicherheit und Verantwortung in den Vordergrund stellen, können Sie sich selbstbewusst auf den Straßen bewegen und die vor Ihnen liegende Fahrt annehmen.

Anhänge

Anhang A: Glossar der Fahrbegriffe

Dieses Glossar enthält Definitionen für häufig verwendete Fahrbegriffe, die in diesem Handbuch und im Zusammenhang mit dem Fahren in Deutschland verwendet werden. Wenn Sie diese Begriffe verstehen, verbessern Sie Ihr Verständnis der Verkehrsregeln, Fahrpraktiken und der Kommunikation mit Fahrlehrern und anderen Verkehrsteilnehmern.

A

- **ABS (Antiblockiersystem):** Ein Sicherheitssystem, das ein Blockieren der Räder beim Bremsen verhindert und es dem Fahrer ermöglicht, die Lenkkontrolle zu behalten.
- **Beschleuniger:** Das Pedal, das die Geschwindigkeit des Fahrzeugs steuert.
- **Autobahn:** Deutschlands Netz von Hochgeschwindigkeitsautobahnen, bekannt für Abschnitte ohne allgemeine Geschwindigkeitsbegrenzung.

B

- **BAC (Blutalkoholgehalt):** Die im Blutkreislauf einer Person vorhandene Alkoholmenge, gemessen in Gramm pro 100 Milliliter Blut.
- **Blinder Fleck:** Bereiche rund um das Fahrzeug, die der Fahrer durch Spiegel nicht direkt sehen kann.
- **Bremse:** Das Pedal, das das Fahrzeug verlangsamt oder anhält.
- **Pannenspur:** Der Rettungsstreifen am Straßenrand für stehende Fahrzeuge.

C

- **Kupplung:** Das Pedal in einem Fahrzeug mit Schaltgetriebe, das den Motor von den Rädern trennt und so Gangwechsel ermöglicht.
- **Zebrastreifen:** Ein ausgewiesener Bereich, in dem Fußgänger die Straße überqueren können.

D

- **Defensives Fahren:** Fahren Sie so, dass Sie potenzielle Gefahren vorhersehen und Vorkehrungen treffen, um Unfälle zu vermeiden.
- **Abstand halten:** Halten Sie einen Sicherheitsabstand zum vorausfahrenden Fahrzeug ein.

UND

- **Ökologisches Fahren:** Fahrtechniken, die die Kraftstoffeffizienz fördern und die Umweltbelastung verringern.
- **Notbremsung:** Kraftvolles Betätigen der Bremsen, um das Fahrzeug abrupt zum Stehen zu bringen.
- **Emissions Sticker (Feinstaubplakette):** Eine Plakette, die den Emissionsgrad eines Fahrzeugs angibt und für das Fahren in Umweltzonen erforderlich ist.

F

- **First Aid Course (Erste-Hilfe-Kurs):** Ein Pflichtkurs für Führerscheinbewerber,

der grundlegende lebensrettende Techniken behandelt.
- **Nebelscheinwerfer:** Lichter werden bei Nebel eingesetzt, um die Sicht zu verbessern.
- **Folgende Entfernung:** Der Abstand zwischen Ihrem Fahrzeug und dem vorausfahrenden Fahrzeug.
- **Führerscheinstelle:** Die Führerscheinstelle.

G

- **Gefahrenzeichen:** Warnschilder (dreieckig mit rotem Rand).
- **Gebotszeichen:** Gebotszeichen (rund mit blauem Hintergrund).
- **Give Way (Vorfahrt gewähren):** Dem anderen Verkehr die Vorfahrt gewähren.

H

- **Gefahrenwahrnehmung:** Die Fähigkeit, potenzielle Gefahren im Straßenverkehr zu erkennen und darauf zu reagieren.

- **Scheinwerfer:** Lichter dienen zur Ausleuchtung der Straße bei Nacht oder bei schlechten Sichtverhältnissen.
- **Straßenverkehrsordnung:** Die Regeln und Vorschriften, die das Fahren regeln.
- **Aquaplaning:** Ein Zustand, bei dem Reifen aufgrund von Wasseransammlungen den Kontakt zur Straßenoberfläche verlieren.

ICH

- **Indikator:** Blinker, die die Richtung anzeigen, in die ein Fahrzeug abbiegen möchte.
- **Überschneidung:** Wo sich zwei oder mehr Straßen treffen.

L

- **Fahrbahn:** Eine markierte Teilung einer Straße für Fahrzeuge, die in die gleiche Richtung fahren.
- **Learner's Permit (Fahrerlaubnisantrag):** Eine Genehmigung, die es Ihnen erlaubt, unter

der Aufsicht eines lizenzierten Fahrlehrers das Fahren zu erlernen.

M

- **Schaltgetriebe:** Eine Art Getriebe, bei dem der Fahrer manuell schalten muss.
- **Zusammenführen:** Zwei Fahrspuren zu einer verbinden.
- **Autobahn:** Eine Hochgeschwindigkeitsstraße mit eingeschränktem Zugang.

N

- **Navigationssystem:** Ein Gerät, das Anweisungen und Anleitungen bereitstellt.

DER

- **Überholen:** Überholen eines anderen Fahrzeugs, das in die gleiche Richtung fährt.

P

- **Paralleles Parken:** Parken entlang einer Bordsteinkante, parallel zu anderen geparkten Fahrzeugen.
- **Feststellbremse:** Eine Bremse, die das Fahrzeug im geparkten Zustand im Stillstand hält.
- **Fußgängerüberweg:** Ein ausgewiesener Bereich, in dem Fußgänger die Straße überqueren können.
- **Probezeit:** Die Probezeit für neue Fahrer.

R

- **Rückspiegel:** Ein Spiegel, der es dem Fahrer ermöglicht, hinter das Fahrzeug zu sehen.
- **Right of Way (Vorfahrt):** Das gesetzliche Recht eines Verkehrsteilnehmers, vor einem anderen zu fahren.
- **Kreisel:** Eine kreisförmige Kreuzung, an der der Verkehr in eine Richtung um eine zentrale Insel herum fließt.

S

- **Sicherheitsgurt:** Eine von Fahrzeuginsassen getragene Sicherheitsrückhaltevorrichtung.
- **Schultercheck:** Schauen Sie über Ihre Schulter, um Ihren toten Winkel zu überprüfen, bevor Sie die Spur wechseln oder abbiegen.
- **Schleudern:** Traktionsverlust zwischen Reifen und Fahrbahnoberfläche.
- **Geschwindigkeitsbegrenzung:** Die auf einer bestimmten Straße zulässige Höchstgeschwindigkeit.
- **StVO (Straßenverkehrsordnung):** Die deutsche Straßenverkehrsordnung.
- **Stop Sign (Stoppschild):** Ein Schild, das Fahrer dazu auffordert, vor der Weiterfahrt vollständig anzuhalten.

T

- **Tailgating:** Zu dicht hinter dem vorausfahrenden Fahrzeug fahren.
- **Theory Test (Theoretische Prüfung):** Ein schriftlicher Test, der das Wissen über

Verkehrsgesetze und -vorschriften bewertet.
- **Dreipunktdrehung:** Ein Manöver zur Richtungsumkehr auf engstem Raum.
- **Ampel:** Signale, die den Verkehrsfluss an Kreuzungen steuern.
- **Blinker:** Indikatoren, die die Richtung anzeigen, in die ein Fahrzeug abbiegen möchte.

IN

- **Umweltzone:** Eine Umweltzone mit Beschränkungen für Fahrzeugemissionen.

V

- **Vehicle Registration (Zulassung):** Der Prozess der Registrierung eines Fahrzeugs bei den Behörden.
- **Vorfahrtszeichen:** Vorfahrtsschilder (z. B. „Stopp"-Schilder, „Vorfahrt"-Schilder).

IN

- **Warning Signs (Warnzeichen):** Schilder, die Autofahrer auf mögliche Gefahren aufmerksam machen.
- **Winterreifen:** Reifen für optimalen Grip und Traktion bei Schnee und Eis.

MIT

- **Zulassungsstelle:** Die Kfz-Zulassungsstelle.

Dieses Glossar erhebt keinen Anspruch auf Vollständigkeit, deckt jedoch viele der wesentlichen Begriffe ab, denen Sie beim Erlernen des Autofahrens und Navigierens auf den Straßen Münchens begegnen werden. Ziehen Sie bei Bedarf dieses Glossar zu Rate, um unbekannte Begriffe zu klären und Ihr Verständnis der deutschen Verkehrsterminologie zu verbessern.

Anhang B: Liste der Verkehrszeichen

Dieser Anhang bietet einen visuellen Leitfaden zu den häufigsten Verkehrszeichen, denen Sie auf deutschen Straßen begegnen, kategorisiert nach ihrer Funktion. Um die Verkehrsregeln zu verstehen, sich sicher zurechtzufinden und die theoretische Prüfung zu bestehen, ist es wichtig, sich mit diesen Schildern vertraut zu machen.

I. Warning Signs (Warnzeichen)

Warnschilder sind typischerweise dreieckig mit rotem Rand und weißem Hintergrund. Sie warnen den Fahrer vor möglichen Gefahren.

- **Scharfe Kurve nach rechts:**

- **Scharfe Kurve nach links:**

- **Doppelkurve, zuerst rechts:**

- **Steiler Hügel abwärts:**

- **Verkehrssignale voraus:**

- **Fußgängerüberweg:**

- **Kinder:**

- **Straßenarbeiten:**

- **Rutschige Straße:**

II. Priority Signs (Vorfahrtszeichen)

Vorfahrtszeichen regeln die Vorfahrt an Kreuzungen und Einmündungen.

- **Give Way (Vorfahrt gewähren):**

(Google-Suche)

- **Stop (Stoppschild):**

- **Vorfahrtsstraße:**

- **Ende der Prioritätsstraße:**

III. Mandatory Signs (Gebotszeichen)

Gebotszeichen sind typischerweise rund mit blauem Hintergrund und weißen Symbolen. Sie weisen auf Regeln hin, die befolgt werden müssen.

- **Biegen Sie rechts ab:**

- **Biegen Sie links ab:**

- **Fahren Sie geradeaus:**

- **Kreisel:**

- **Mindestgeschwindigkeit:**

- **Ende der Mindestgeschwindigkeit:**

- **Kein Einlass:**

- **Überholverbot:**

- **Ende des Überholverbots:**

IV. Prohibition Signs (Verbotszeichen)

Verbotsschilder sind typischerweise rund, haben einen roten Rand, einen weißen Hintergrund und ein schwarzes Symbol. Sie weisen auf verbotene Handlungen hin.

- **Keine Einfahrt für alle Fahrzeuge:**

- **Keine Einfahrt für Kraftfahrzeuge:**

- **Kein Zutritt für Motorräder:**

- **Kein Zutritt für Fahrräder:**

- **Kein Parken:**

- **Kein Rechtsabbiegen:**

- **Kein Linksabbiegen:**

V. Information Signs (Hinweiszeichen)

Hinweisschilder geben den Autofahrern Orientierung und Informationen. Sie variieren in Form und Farbe.

- **Autobahn:**

Google-Suche

- **Ende der Autobahn:**

Google-Suche

- **Parken:**

- **Krankenhaus:**

- **Tankstelle:**

- **Restaurant:**

- **Telefon:**

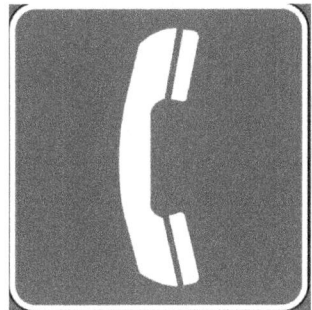

VI. Supplementary Plates (Zusatzzeichen)

Zusatzschilder werden in Verbindung mit anderen Schildern verwendet, um zusätzliche Informationen oder Einschränkungen bereitzustellen.

- **Distanz:**
- **Zeit:**

- **Richtung:**
- **Parkeinschränkungen:**

Diese Liste erhebt keinen Anspruch auf Vollständigkeit, deckt jedoch viele der häufigsten Verkehrszeichen ab, denen Sie in Deutschland begegnen. Denken Sie daran, dass das Verständnis dieser Zeichen für sicheres und verantwortungsvolles Fahren unerlässlich ist. Achten Sie immer auf die Schilder und befolgen Sie deren Anweisungen.

Anhang C: Notrufnummern und Kontaktinformationen

In diesem Anhang finden Sie eine Liste wichtiger Notrufnummern und Kontaktinformationen für verschiedene Situationen, denen Sie beim Autofahren in München begegnen können. Halten Sie diese Informationen in Ihrem Fahrzeug bereit oder speichern Sie sie in Ihrem Telefon, damit Sie im Notfall schnell darauf zugreifen können.

I. Notrufnummern

- **Allgemeiner Notfall:** 112 (Über diese Nummer sind Sie mit der Polizei, der Feuerwehr und dem Rettungsdienst verbunden.)
- **Polizei:** 110
- **Feuerwehr:** 112
- **Krankenwagen:** 112

II. Nicht-Notrufnummern

- **Telefonauskunft:** 11833
- **Verkehrsinformationen:**

III. Nützliche Apps

- **ADAC-App:** Bietet Pannenhilfe, Verkehrsinformationen und andere hilfreiche Funktionen.
- **MVV-App:** Bietet Informationen zu öffentlichen Verkehrsmitteln, Reiseplanung und Ticketkauf.
- **NINA-App:** Bietet Warnungen und Warnungen vor Unwettern, Naturkatastrophen und anderen Notfällen.

IV. Wichtige Tipps

- **Notrufnummern speichern:** Speichern Sie diese Notrufnummern in Ihren Telefonkontakten, damit Sie schnell darauf zugreifen können.
- **Kennen Sie Ihren Standort:** Achten Sie jederzeit auf Ihren Standort, insbesondere wenn Sie Nothilfe rufen. Verwenden Sie Orientierungspunkte oder Straßennamen, um klare Anweisungen zu geben.
- **Bleiben Sie ruhig:** Versuchen Sie im Notfall Ruhe zu bewahren und deutlich zu

sprechen, wenn Sie den Rettungsdiensten Hinweise geben.
- **Erste-Hilfe-Wissen:** Denken Sie an die grundlegenden Erste-Hilfe-Techniken, die Sie in Ihrem Erste-Hilfe-Kurs gelernt haben.
- **Sicherheit am Straßenrand:** Wenn Sie Ihr Fahrzeug aufgrund eines Notfalls oder einer Panne anhalten müssen, fahren Sie an einen sicheren Ort, schalten Sie die Warnblinkanlage ein und verwenden Sie bei Bedarf ein Warndreieck.

VI. Zusätzliche Ressourcen

- **Website mit Notfallinformationen:**
- **Ausländische Botschaften und Konsulate:**

Dieser Anhang bietet einen Ausgangspunkt für Ihre Notfallvorsorge. Es ist ratsam, sich mit diesen Nummern und Ressourcen vertraut zu machen und sie während der Autofahrt in München griffbereit zu haben. Stellen Sie immer die Sicherheit an die erste Stelle und seien Sie darauf vorbereitet, mit unerwarteten Situationen verantwortungsvoll umzugehen.

www.ingramcontent.com/pod-product-compliance
Lightning Source LLC
Chambersburg PA
CBHW071021240526
45469CB00006BD/2034